にゃんこ大戦争でまなぶ！
日本の歴史人物100

監修：ポノス株式会社、
本郷和人（東京大学史料編纂所教授）

KADOKAWA

日本の歴史人物100人をにゃんこといっしょに学べる本にゃ！

日本全国の攻略をしたにゃんこたちは、
もっと日本について知りたくなって
日本の歴史を動かした人物の
さらなる調査を進めることにしたにゃ。

きみも日本の歴史人物にくわしくなれば、

歴史大好きになるにゃ！

社会の勉強がもっと楽しくなって…
小学校から始まる歴史の授業でも、
大カツヤクまちがいなしにゃ！

おうちの人や友達に「歴史ハカセ」って
呼ばれちゃうかもしれないにゃ！

なにより、歴史上の人物たちの人生は、
きみが未来を生きるヒントになるはずにゃ。

さあ、にゃんこたちと一緒に
日本の歴史ハカセをめざして
出発にゃ！

この本の使い方

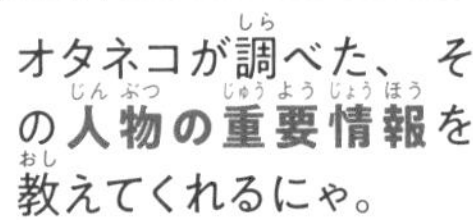

オタネコが調べた、その**人物の重要情報**を教えてくれるにゃ。

厳選した日本の歴史人物・100人の名前やビジュアル、何をした人なのかがわかるにゃ。まずはざっくりわかること。これが勉強トクイの第一歩にゃ。

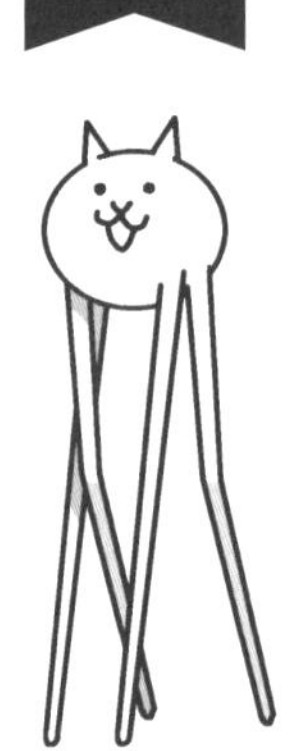

人物に関する詳しいプロフィールにゃ。ここまで読めれば、もはや歴史ハカセにゃ。
その人物の特殊能力も独自の3段階で示してみたにゃ。

最後にミニクイズに挑戦しておさらいすればカンペキにゃ。

※ひとりの人物にたくさんの名前がある場合、最も知られている名前で紹介しています。
※プロフィールで紹介している年齢は数え年(生まれた年を「1才」として、それ以降1月1日を迎えるたびに1才ずつ増やして数える年齢)で示しています。
※イラストは、基本的には史実に基づいていますが、想像で描かれた部分もあります。
※出身地や生没年、できごとの詳細については、別の説がある場合もありますが、代表的なものを掲載しています。
※時代は1つのできごとによって一瞬で切り替わるわけではないため、時代の始まりや終わりの年にはいろいろな見方がありますが、代表的なものを掲載しています。

各時代ごとにおさらいできる**まとめクイズ**にゃ。人物ごとのクイズはもちろん、年表で、できごとの順番を意識しながらふりかえれるにゃ。

さらに…各時代のさらにくわしい情報と「**オタネコの極秘レポート**」も、ときどきお届けしているにゃ。ちょっぴり難しい内容だから、ここまで読めたら歴史エキスパートと言っても過言ではないにゃ。

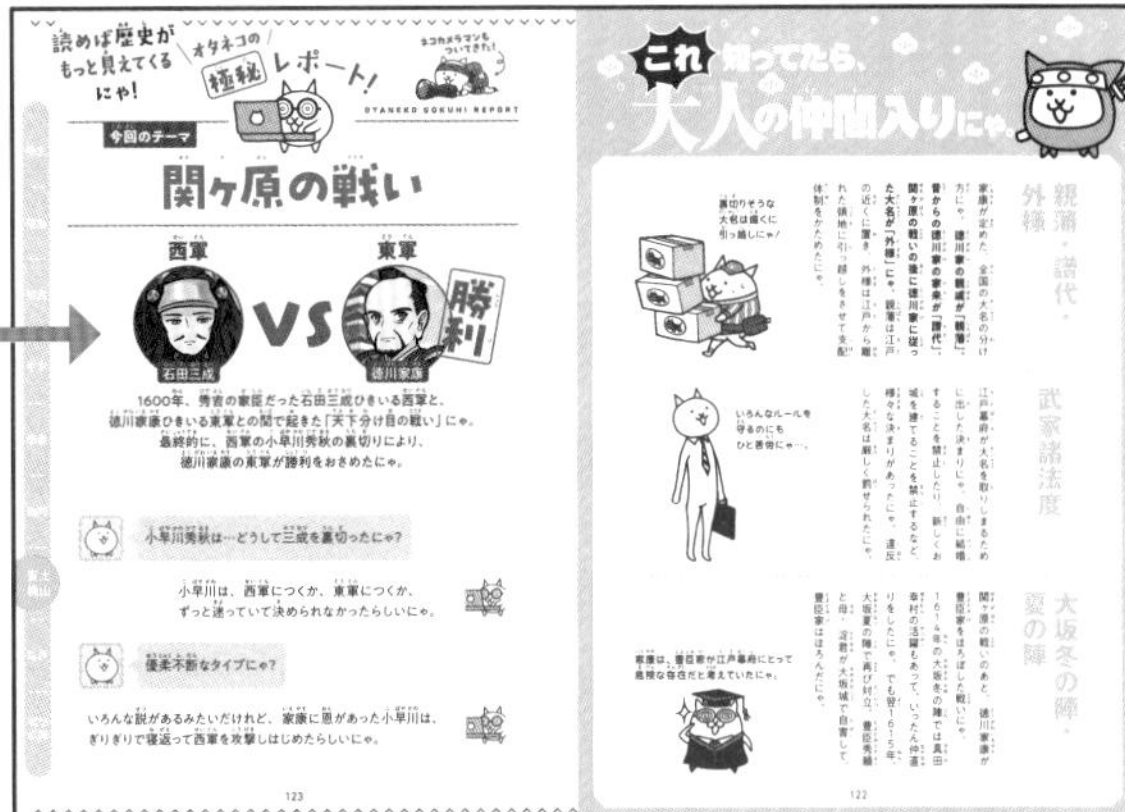

オスススメの使い方

まずは人物のかっこいいビジュアルと、何をした人かをざっくり読んでほしいにゃ。

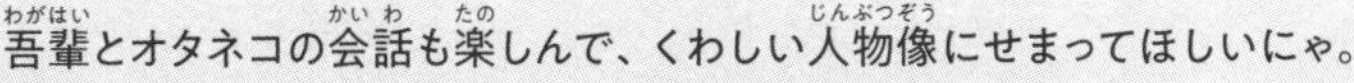

吾輩とオタネコの会話も楽しんで、くわしい人物像にせまってほしいにゃ。

人物ごとのミニクイズや、まとめクイズで力だめし!
何度もチャレンジしてほしいにゃ。

友達や家族と出題しあうのもオススメにゃ!

目次

とくにこだわりがなければ最初から順番に読むことをオススメするにゃ

くにのなりたち

弥生時代・古墳時代・飛鳥時代

ここは今から約2300年前、「日本」のはじまりの時代・弥生時代にゃ。

電気もビルもないにゃ！

そうにゃ。でも弥生時代には、中国大陸から**米づくり**が伝わったにゃ。

弥生時代

前4世紀～3世紀末頃

米づくりが伝わり、貧富の差が生まれて「くに」ができた時代

収穫物をたくわえられるようになると、お米や土地をめぐって争いが起きたにゃ。争いに勝った人たち（**豪族**）が小さな「くに」をつくったにゃ。

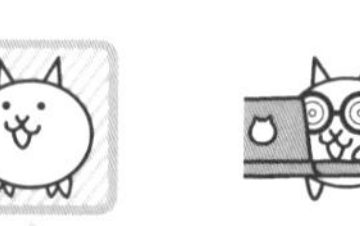

弥生時代の後半には、小さな国をまとめた大きなくにで人々を従える王が現れるにゃ。

王様！　会いたいにゃ！

▲弥生時代後半の大集落、吉野ヶ里遺跡（佐賀県）

あとで登場する「卑弥呼」にゃ。お楽しみににゃ。

卑弥呼 P.010

大和朝廷

古墳時代

3世紀中頃～7世紀頃

王や豪族の大きな墓（古墳）がつくられた時代

じつはこれ、昔のえらい人のお墓にゃ。
大きな鍵穴にゃ!?

▲大仙古墳

このころ、日本の大和（今の奈良県）地方に、とくに強い王が現れて、大王とよばれたにゃ。そして、大王を中心とした大和朝廷という政府がうまれたにゃ。

大王はのちに天皇とよばれるにゃ。

飛鳥時代

592～710年頃

仏教が広がり、天皇中心の国づくりが進んだ時代

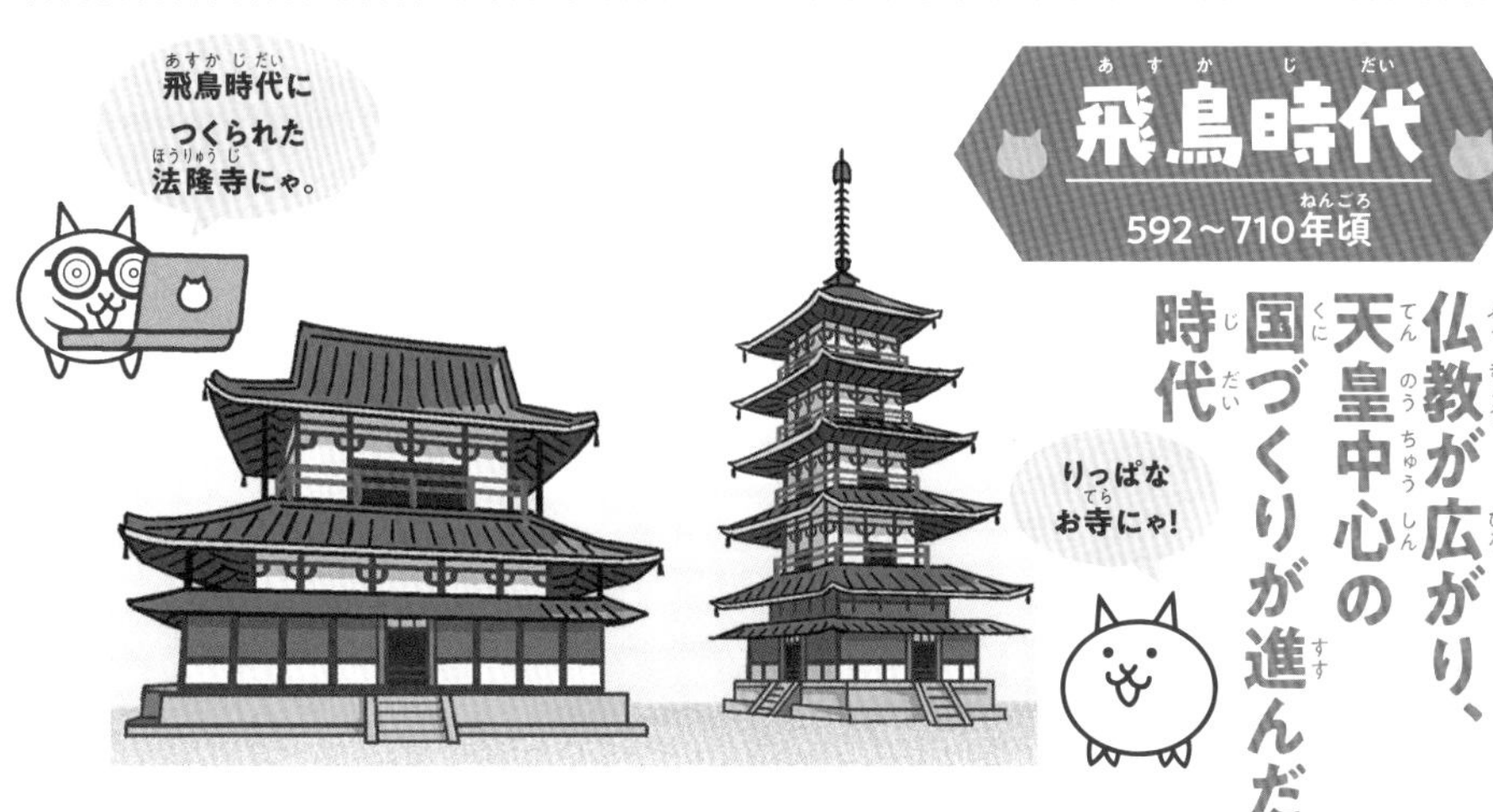

飛鳥時代につくられた法隆寺にゃ。
りっぱなお寺にゃ!

大和朝廷は、しだいに豪族たちの争いが増えて、不安定になったにゃ。そこで、豪族と協力したり、対立したりしながら、**天皇中心の国づくり**を進めたにゃ。

聖徳太子 P.012

推古天皇 P.016

小野妹子 P.018

蘇我馬子 P.014

活躍した人たちに注目にゃ。

中国大陸からは**仏教**や**漢字**なども伝わり、国の決まりも大陸を参考に整えていったにゃ。

気になるにゃ!

詳しく歴史人物を見ていくにゃ!

NO.001

弥生時代

卑弥呼

日本で初めて女王になったナゾ多き人物!

基本データ

神秘性 ★★★　外交力 ★★★

インドア度 ★★★

主な活動場所:邪馬台国(場所は不明)

生没年:2世紀末~3世紀前期

弥生時代の邪馬台国の女王。邪馬台国以外にも30くらいの国を従えて、魏(今の中国)の王に倭(今の日本)の国王として認められ、「親魏倭王」の称号を授かった。

日本で初めての女王！
かっこいいにゃ〜。

弥生時代、日本は百あまりの国に分かれていたにゃ。国どうしで争いが絶えなかったけれど、**その争いをピタリと収めたのが、卑弥呼だったにゃ。**

ピタリと！　魔法を使ったにゃ？

いろんな説があるけれど、魔法は聞いたことないにゃ。卑弥呼は**占いが得意**で、占いの力で、**邪馬台国**を中心に30くらいの国をまとめたにゃ。

占い、得意にゃ！
王様にしてにゃ！

しかも！　卑弥呼は当時、日本よりずっと発展していた**魏**（今の中国）にも接触していたにゃ。
そして、魏の王様に**「親魏倭王」**、つまり日本の王であると認めさせたにゃ。

漢委奴国王金印

なんか…、カンペキすぎて、卑弥呼とお友達になれる自信がないにゃ…。

大丈夫。卑弥呼にも弱点はあったにゃ。

それはぜひ知りたいにゃ！

卑弥呼は結構**インドア派**だったらしいにゃ。占いばかりしてめったに姿を現さず、卑弥呼の弟が伝言役をしていたらしいにゃ。

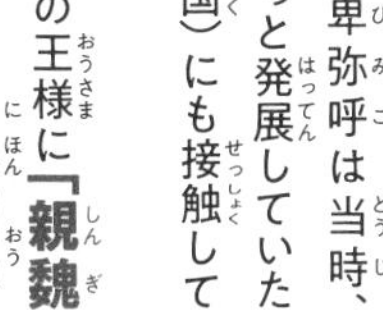

それは友達になれそうにゃ。

じゃあ、卑弥呼の弟は毎日一番先にラッキーカラーを知れるラッキーカラーボーイにゃ！

…毎日ラッキーカラーは、占ってなかったと思うにゃ…。

クイズ！

卑弥呼を日本の王と認めた国はどこ？
①倭　②魏　③邪馬台国

【答え】②魏

十人の話を同時に
聞き答えた優れ者！
スゴイにゃ
一度に大勢の人の話を聞ける!?
スゴイにゃ
能力主義で役人を使用した！
本当にゃ!?
聖徳太子は後からついた名前!?
にゃんこ全員の話を聞けるにゃ？

NO.002

飛鳥時代

聖徳太子

天皇中心の国づくりをめざした有能な政治家

基本データ

攻撃力	★☆☆	実行力	★★★
知性	★★★		

出身地：大和（現在の奈良県）

本名：厩戸王

生没年：574年～622年（没年49才）

用明天皇の第二皇子として生まれ、おばの推古天皇の摂政となる。仏教をすすめ、冠位十二階や十七条の憲法を定めて、天皇中心の国づくりをめざした。遣隋使を派遣し、大陸の文化や制度を取り入れた。

実は、聖徳太子という名前は、死後に功績をたたえてつけられたものにゃ。もとの名前は、厩戸王というにゃ。

「うまちゃん」って呼ばれた可能性もあるってことにゃ？

可能性はかなり低いけど、ないとは言い切れないにゃ…。厩は馬小屋のことで、聖徳太子は馬小屋で生まれたという伝説があるにゃ。

ほかにも、**たくさんの人の話を同時に聞いて完璧に答えた**っていう伝説もあるにゃ。

ミルクほしいにゃ！

たくさんいても同じこと言うなら聞けるにゃ。

伝説だらけにゃ。さては伝説の勇者にゃ？

太子は国のエライ人で、すごい制度を作ったにゃ！そのころ役人は、家柄のよい人が高い地位につく決まりがあったにゃ。

そこで太子は、よい政治を行うため、能力があれば高い地位につける「**冠位十二階**」という制度に変えたにゃ。

能力があっても出世できないにゃ…。

十二の位に分け、位ごとに色のちがう冠をかぶるようにしたにゃ。

それだけじゃないにゃ。太子は「**十七条の憲法**」を定めて、役人の心構えを示したにゃ。

日本で初めて文章にまとめられた法律にゃ。

さらに、日本のお札に一番多く登場した人物で、その数なんと7回にゃ！

ネコのお札…たぶん採用されないと思うにゃ。

一度でいいからお札になってみたいにゃ。

クイズ！

聖徳太子が定めた役人の心得を示した法律は何？

□□条の憲法

【答え】十七(条の憲法)

NO.003

飛鳥時代

蘇我馬子

天皇をしのぐ力を持つ豪族

基本データ

攻撃力 ★★★　実行力 ★★★

信仰心 ★★☆

出身地：大和(現在の奈良県)

生没年：不明〜626年

飛鳥時代の有力な豪族。ライバルである物部氏を滅ぼし、仏教を広めた。聖徳太子が推古天皇の摂政になると、協力して政治をすすめたが、太子の死後はふたたび実権をにぎった。

日本で初めて、本格的な寺院の**法興寺**を建てたのが蘇我馬子にゃ。聖徳太子と**協力して仏教を広めた**にゃ。

飛鳥寺ともいうにゃ。

なんで仏教を広めたにゃ?

馬子たち蘇我氏の一族には、**物部氏**っていうライバルがいたにゃ。物部氏は仏教に反対していたから、馬子は仏教を広めることで物部氏の力を弱めようとしたにゃ。

お寿司流行らせたらパン派が困る、みたいなことにゃ?

ちょっとちがうにゃ。

仏教は大陸からやってきた人たち(渡来人)から伝わったにゃ。渡来人は進んだ知識や技術を持っていたにゃ。

馬子たちは仏教と一緒にそれを取り入れて、政治の中心で力をつけていったにゃ。

信仰で渡来人とのつながりも強くなったにゃ。

なんか賢いにゃ…! ライバルの戦いは蘇我氏が勝ったにゃ?

その通りにゃ。なにせ馬子は、どんな手でもつかったにゃ。姉妹や娘を天皇に嫁がせて政治の実権をにぎったり、天皇でも暗殺したり。

暗殺!? 怖すぎにゃ…!

正々堂々、すもうで勝負すればいいにゃ。

すもうじゃなきゃダメにゃ…?

聖徳太子が死んだ後、再び蘇我氏が政治の実権をにぎるようになったにゃ。

クイズ!

蘇我馬子が信仰した宗教は何?
①仏教 ②神道 ③キリスト教

【答え】①仏教

NO.004

飛鳥時代

推古天皇

日本で最初の女性天皇

基本データ

甥っ子大好き度	★★★
信仰心	★★★
知性	★★★

出身地：大和（現在の奈良県）

生没年：554年〜628年（没年75才）

敏達天皇の妻で、日本初の女性天皇。政治に口出しをするようになっていた豪族の力をおさえ、天皇中心の政治を行おうと、甥の聖徳太子を摂政にして、十七条の憲法の制定や仏教の保護などを行った。

推古天皇は**女性で初めて天皇になった人**なんだけど、ある有名人の叔母さんにゃ。

シンデレラにゃ？

ネコ、シンデレラは実在しないにゃ。

答えは**聖徳太子**にゃ。ついでに蘇我馬子も親戚にゃ。

天皇って男の人ばっかりかと思ってたけど、女の人もいたにゃ？

これまでに10代・8人の女性天皇がいたにゃ。

8人の女性天皇のうち2人は、2回ずつ天皇の座についたにゃ。

推古天皇は、甥っ子の**聖徳太子を「摂政」**という役割にして、政治を任せたにゃ。

「甥っ子ラブ」な天皇だったにゃ？

推古天皇は、豪族が力を持って政治に口を出すことがイヤだったにゃ。だから聖徳太子と一緒に、**天皇中心の政治**を取り戻そうとしたにゃ。

優秀な甥っ子が右腕なら、百人力にゃ……！

右腕ならもう何本か貸せるにゃ。

気持ちだけもらっておくにゃ。

それから、推古天皇は**仏教を保護する命令**を出して、次々に大きな寺院を建てたにゃ。

寺院を建てるのって、そんなに楽しいにゃ？

楽しいからやったわけじゃないにゃ。**仏教の教えを人々が学ぶことで、平和な国がつくれると考えた**からにゃ。

平和に勝るものなしにゃ♪

クイズ！

推古天皇と聖徳太子の関係は？

①母と子 ②叔母と甥

③先生と生徒

【答え】②叔母と甥

NO.005
飛鳥時代
小野妹子
聖徳太子の命で、2度も隋へわたった役人
失礼な手紙のやりとりをまるく収めた遣隋使！
ツイテルにゃ
命がけの航海を2度も成功!
アンラッキーにゃ
とんでもない内容の手紙の受け渡しを任された…。
スゴイにゃ
一番高い位まで上りつめた高い能力!
基本データ
機転 ★★★ 運 ★★★
行動力 ★★★
出身地：近江(現在の滋賀県)
生没年：不明
豪族の家に生まれ、地位の低い役人となる。聖徳太子から遣隋使に任命され、2度も隋へわたった。隋の進んだ政治制度や文化を学んで帰り、とうとう一番高い位まで出世した。
海に愛された男にゃ。

小野妹子はだれの妹にゃ？

だれの妹でもないにゃ。なぜなら、**男の人**だから。当時は男性で「子」のつく名前はめずらしくなかったにゃ。

言われてみれば、聖徳太子も蘇我馬子も「子」がついていたにゃ。

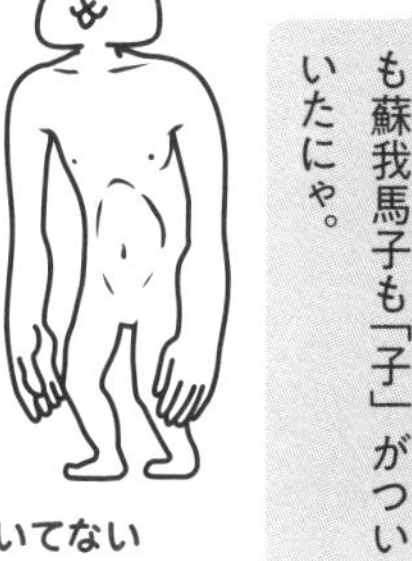

妹子は、聖徳太子の命令で、**遣隋使**として「**隋**」という当時日本よりずっと発展していた国（現在の中国）に手紙を渡しに行ったにゃ。

その手紙には、「**日がのぼる国の天子（推古天皇）が、日のしずむ国の天子（隋の皇帝）に手紙を送ります**」と書かれていたにゃ。

「遣隋使船」という船で向かったにゃ。
今ならメールで済むにゃ。

なんかちょっと…「上から目線」な感じにゃ？

そうにゃ。聖徳太子は、大国・隋と対等に交渉したかったようだけど、**相手にとってはとても失礼な内容**だったにゃ。そんな手紙を持たされた妹子は…。

怒った隋の皇帝に殺されちゃうかもしれないにゃ！**妹子、逃げてにゃ…！**

それでも、妹子は皇帝との会談を乗り切ったにゃ。

妹子、よかったにゃ！

安心するのはまだ早いにゃ。帰りに隋の皇帝から**怒りの手紙**を持たされたにゃ。

ひえ…今度は聖徳太子が怒っちゃうにゃ！**妹子、逃げてにゃー！**

ところが、ここでも妹子は機転をきかせて、手紙が盗まれたことにして、ことなきを得たにゃ。

妹子、デキる子にゃ！

クイズ！

小野妹子がわたった国はどこ？
①魏 ②隋 ③唐

【答え】②隋

NO.006

飛鳥時代

中大兄皇子

蘇我氏を滅ぼし、大化の改新をすすめた皇子

律令政治の土台をつくった、のちの天智天皇

スゴイにゃ
大胆なクーデターの実行!

スゴイにゃ
大化の改新で天皇中心の政治に変えた!

ツライにゃ
新羅との戦いで大敗…。

基本データ

行動力 ★★★　正義感 ★★★

忍耐力 ★☆☆

出身地：飛鳥（現在の奈良県）

のちの名前：天智天皇

生没年：626年～671年（没年46才）

舒明天皇の第二皇子として生まれ、唐（中国）からの留学生に政治のしくみを学んだ。蘇我入鹿を暗殺して蘇我氏を滅ぼすと、大化の改新を始めた。白村江の戦いでは、百済に援軍を送ったが、唐と新羅の連合軍に大敗した。

中大兄皇子は、※蘇我入鹿を暗殺した人物にゃ。

イルカを!?
海の中で!?

そのイルカじゃないにゃ。
人の名前にゃ。

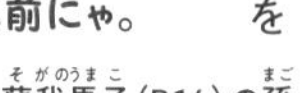
※蘇我馬子(P.14)の孫。

皇子ってことは、天皇の一族にゃ? なのになんでそんなことしたにゃ?

蘇我氏の力が大きくなりすぎて、入鹿が天皇をないがしろにしていたからにゃ。

それは怒るのも無理ないかもにゃ…。

中大兄皇子は、蘇我氏を倒すと、**天皇中心の政治のしくみに変えていった**にゃ。

それまで大きな力を持っていた豪族は、中大兄皇子が行った「**大化の改新**」によって天皇の命令に従う役人になったにゃ。

中心になって
国を動かすにゃ～!
風で動かしたわけじゃないと思うにゃ。

豪族が役人に? まあ庶民には関係ないにゃ。

そんなことないにゃ。土地や民を国が支配するために、税などの制度もこの時つくられたにゃ。

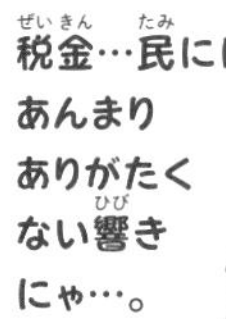

税金…民にはあんまりありがたくない響きにゃ…。

皇子大活躍にゃ。名前も「中大兄皇子の改新」とかにしないにゃ?

大化の改新の「大化」は、当時の年号。日本で初めての年号にゃ。

「平成」とか「令和」みたいなものにゃ。

中大兄皇子はその後**天智天皇**になって、日本初の全国的な戸籍もつくったにゃ。

クイズ!

中大兄皇子が行った改革を何という?

□□の改新

【答え】大化(の改新)

NO.007

飛鳥時代

中臣鎌足

中大兄皇子を助けて大化の改新を進めた役人

基本データ

忠誠心 ★★★　実行力 ★★★

知性 ★★★

出身地：大和（現在の奈良県）

のちの名前：藤原鎌足

生没年：614年～669年（没年56才）

豪族の中臣氏に生まれ、唐の政治や文化を学んだ。蘇我氏が政治を好き勝手にしていることに疑問を持ち、中大兄皇子とともに蘇我氏を倒すと大化の改新を行った。最高位の大織冠と藤原の姓が与えられた。

中臣鎌足は、中大兄皇子と一緒に蘇我氏を倒して、**大化の改新**を進めた人物にゃ。

中臣鎌足も天皇の一族にゃ？

ちがうにゃ。2人は身分はちがうけど親しかったにゃ。

そっか、「中」つながりで！

名前の字は関係ないにゃ…。中大兄皇子が蹴鞠をしているときにうっかり飛ばしてしまったくつを、鎌足が拾ったのがきっかけで親しくなったといわれているにゃ。

皇子、思いっきり蹴るタイプにゃ？

なんか、運命的な出会いにゃ。

志が同じだった2人は力を合わせて、天皇の権力をおびやかす蘇我氏を倒したにゃ。その後、**大化の改新**を始めると、鎌足は大事な役目を任されたにゃ。

鎌足って、中大兄皇子にすごく信頼されてるにゃ！

オタネコとネコみたいなナイスコンビにゃ。

照れるにゃ。

鎌足は、中大兄皇子にその働きが認められて、最も高い冠位と、「**藤原**」という姓を与えられたにゃ。

中臣鎌足から、「**藤原鎌足**」に名前が変わったにゃ？

そうにゃ。実は藤原鎌足は、のちに権力をにぎる**藤原氏の祖先**にゃ！

鎌足が藤原の姓を与えられたのは、亡くなる寸前だったにゃ。

ギリギリだけど、うれしいにゃ…。

クイズ！

中臣鎌足が授かった姓は何？

①藤原 ②源 ③平

【答え】①藤原

まとめQ1

ネコクラシックが弥生・飛鳥時代の人物との会話を録音してきたけど、
どれがだれのセリフだったか忘れてしまったにゃ。
1～5はそれぞれどの歴史上の人物か、
下の5人の中から選んでほしいにゃ！

◀ネコクラシック

1
わらわは、占いの力で邪馬台国を治めた女王じゃ！

2
天皇中心の政治のしくみをつくろう！

3
甥の聖徳太子に任せれば安心じゃ！

4
命がけで隋という国までおつかいに行きました

5
大化の改新で、天皇の権力を強くしたぞ！

中大兄皇子

聖徳太子

小野妹子

推古天皇

卑弥呼

全問正解したら完全勝利にゃ！　全部まちがえたら…
何度でも8ページから出直してくればいいにゃ！

まとめQ2

弥生〜飛鳥時代の歴史の年表を完成させたいにゃ!
[　　] に当てはまる名前を入れるにゃ。

時代	年	人物とできごと
弥生	239	邪馬台国の女王卑弥呼が魏（中国）に使者を送る。
古墳		
飛鳥	593	聖徳太子が 1 [　　] 天皇の摂政となる。
	596	2 [　　] が法興寺（飛鳥寺）を建てる。
	603	聖徳太子が冠位十二階を定める。
	604	3 [　　] が十七条の憲法を定める。
	607	4 [　　] らが遣隋使として隋（中国）へわたる。 聖徳太子が法隆寺を建てる。
	645	中大兄皇子が 5 [　　] とともに大化の改新を行う。

答え Q1 1 卑弥呼　2 聖徳太子　3 推古天皇　4 小野妹子　5 中大兄皇子
Q2 1 推古　2 蘇我馬子　3 聖徳太子　4 小野妹子　5 中臣鎌足

奈良時代【710年〜794年】

現在の奈良が「平城京」という都だった時代

さすがに負けるにゃ。

見上げてると首がいたいにゃ!

高さ14.98メートル、東大寺の大仏様にゃ。

東大寺の大仏

今から1300年ほど前。奈良に平城京という都があった、奈良時代にゃ。

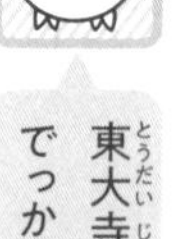

東大寺の大仏様、でっかいにゃ〜。

当時、地震や伝染病などいろいろ悪いことが起きたにゃ。人々の不安も大きかったから、大きな仏様の力で人々を救おうとしたにゃ。

聖武天皇 P.028

平城京

中国(唐)をお手本にした平城京

道がまっっっすぐにゃ。
これは平城京の復元図にゃ。

縦と横にきっちり広がる道が特徴にゃ。

唐への使い「遣唐使」

この奈良の都・「平城京」は**中国(唐)の都をお手本につくられた**にゃ。

唐との交流で歴史に残る人物にゃ。

行基 P.030

阿倍仲麻呂 P.034

鑑真 P.032

このころ、唐と日本は交流がさかんだったにゃ。

ビデオ通話とかしてたにゃ?

いや、当時は船で直接行くしかなかったにゃ。

これは大変そうにゃ…!
こんな船で、命がけだったらしいにゃ。

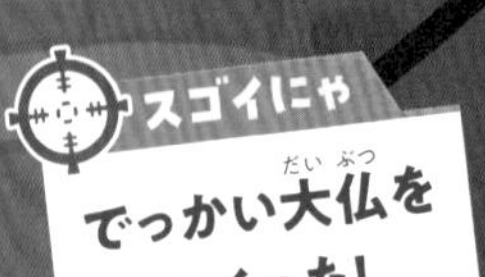

NO.008

奈良時代

聖武天皇

仏教の力で災いから国を守ろうとした天皇

ツイてない時代に、大仏をつくる!

スゴイにゃ
大仏づくりで庶民の力を合わせた!

スゴイにゃ
国際色豊かな文化が花開いた!

基本データ

信仰心 ★★★　運 ★★★

健康 ★★★

出身地：大和国（現在の奈良県）

生没年：701年～756年（没年56才）

皇位争いで乱れる政治や、伝染病の大流行、自然災害による凶作などで、国内は不安に包まれていた。聖武天皇は仏教の力でその不安をしずめ国と民の心を安定させようと、東大寺を建て大仏をつくった。

聖武天皇といえば、**東大寺の大仏様**にゃ！

聖武天皇って巨人だったにゃ？

聖武天皇＝大仏、じゃないにゃ。**聖武天皇がつくった**ってことにゃ。

現在
高さ15メートル
くらいにゃ。

大きすぎにゃ！ こんなに大きい必要あるにゃ？

当時は、社会全体が大きな不安につつまれていたにゃ。

- **天皇の座の奪い合い**
- **伝染病の大流行**
- **ききん**
- **地震**

不安すぎるにゃ。

そこで聖武天皇は、仏教に救いを求めたにゃ。

大きい不安があるから、大きい大仏様って…ちょっとギャグにゃ？

そんなことないにゃ！ 聖武天皇は、本当に信仰心の篤い人物だったにゃ。日本中に**国分寺**や**国分尼寺**を建てて、国の平和を祈ったにゃ。

真心こめて
祈るにゃ…。

寺や大仏様をつくるには、たくさんのお金と労働力が必要だったにゃ。だから、聖武天皇は庶民の力を合わせて大仏様をつくったにゃ。

聖武天皇は、仏教だけじゃなく、**大陸の文化**をたくさん取り入れたにゃ。東大寺の**正倉院**には、**インドや東南アジアからきた楽器や家具など**が、今も大切に保管されているにゃ。

大陸の文化に
興味津々にゃ。

クイズ！

聖武天皇がつくった大仏はどこに納められている？

①東大寺 ②飛鳥寺 ③法隆寺

【答え】①東大寺

NO.009

奈良時代

行基

民衆のために尽くし、菩薩と呼ばれた僧

基本データ

信仰心	★★★	実行力	★★★
献身的	★★★		

出身地：河内国（現在の大阪府）

生没年：668年～749年（没年82才）

渡来人の子孫で、15才で出家して仏教を広める布教活動を行った僧。道や橋、貯水池をつくるなど民衆のために力を尽くした。その働きが聖武天皇に認められ、大仏をつくる責任者を任された。

行基はどうして「菩薩」って呼ばれたにゃ？

菩薩のように、民衆に尽くした僧だったからにゃ！

尽くすタイプにゃ。

それまでの仏教は、一般の民衆に直接教えを説くことが禁止されていて、身分の高い人だけが信仰していたにゃ。

エライ人たちが、独り占めしてたってことにゃ？

そうにゃ。行基は民衆にも仏教を広めるために、各地に寺を建て、仏教の教えを説いてまわったにゃ。

禁止されてたのにそんなことをして、怒られなかったにゃ？

もちろん、厳しく取り締まられたにゃ。でも、行基はやめなかったにゃ。

かっこいいにゃ！

信じる道を進む姿、あっぱれにゃ！

それだけじゃないにゃ。行基は、**道路や橋をつくったり、農業用水をためる貯水池をつくったり、**民衆のために尽くしたにゃ。

道路も橋も、めっちゃ助かるにゃ。

そんな行基の評判が、聖武天皇の耳に入り、**大仏づくりの責任者に抜擢**されたにゃ。

行基は全国をまわり、大仏をつくるための寄付を募ったらしいにゃ。

人々に大人気だった行基の協力もあり、大仏は何年もかかって完成したにゃ。

大仏づくりで働いた人数はのべ260万人以上！

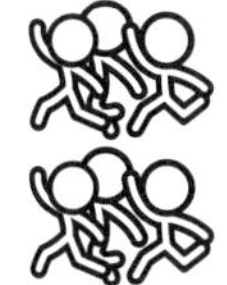

クイズ！

行基がつくったものはどれ？

①橋　②寺　③貯水池

【答え】①②③全て

NO.010

奈良時代

鑑真

日本に正しい仏教を伝えるため、中国からやってきた高僧

基本データ

信仰心 ★★★　指導力 ★★★
行動力 ★★★
出身地：唐（現在の中国）
生没年：688年？~763年（没年76才？）

僧が守らなければならない決まりの「戒律」にくわしい名僧。日本の僧に戒律を授けるため聖武天皇に招かれ、航海の途中で嵐にあい失明しながらも日本へわたった。日本の仏教の発展に尽くした。

鑑真は、**「唐」（当時の中国）から来た仏教の僧**にゃ。**聖武天皇**が招いたにゃ。

パーティーにでも招いたにゃ？

「戒律」を授けてもらうために招いたにゃ。

戒律？　おいしいものにゃ？

戒律とは、仏につかえるものが守るべきオキテにゃ。

「戒」は心の規律、「律」は行動の手本のことにゃ。

正式な僧になるためには戒律を受けなければならないんだけど、当時**日本に戒律を授けられる僧がいなかったにゃ。**
だから自分で勝手に僧になる人が増えて、聖武天皇も困っていたにゃ。

今日から僧になるにゃ！

僧の要素ゼロにゃ…。

それはぜひとも招かなきゃにゃ。

でも当時、海をわたって外国に行くのは**命がけ**だったから、日本へ行きたがる僧がいなかったにゃ。

鑑真が**「仏教を広めるためなら命を惜しまない」**と言って、手を挙げてくれたにゃ。

す…すごい人にゃ！

鑑真は渡航に何度も失敗し、**目が見えなくなっても、日本へたどり着いて日本の仏教の発展に貢献したにゃ。**

唐招提寺をつくったのも鑑真にゃ。

医学にも詳しくて、薬のつくり方や治療法も伝えたにゃ。

クイズ！

鑑真が日本にわたるまでに何年くらいかかった？
①3年　②5年　③10年

【答え】③10年

NO.011

奈良時代

阿倍仲麻呂

唐の皇帝につかえた優秀な留学生

故郷を思って歌を詠むも、最後まで帰国できず…

スゴイにゃ

科挙に合格して、唐の役人に!

カナシイにゃ

日本に帰れず、唐で一生を終えた…。

スゴイにゃ

唐の皇帝が手放さない優秀な人材!

基本データ

歌のセンス ★★★　実行力 ★★★

知性 ★★★

出身地:大和国(現在の奈良県)

生没年:698年?~770年?(没年73才?)

唐への留学生に選ばれて唐へわたり、唐の大学で優秀な成績を収めた。唐の役人になるための試験にも合格し、大臣にまでなった。日本と唐の懸け橋として活躍したが、日本へ帰ることはできなかった。

「天の原　ふりさけ見れば　春日なる　三笠の山に　いでし月かも」百人一首にも入っている歌なんだけど、聞いたことあるにゃ？

阿倍仲麻呂
天の原
ふりさけ
見れば 春日なる
三笠の山に
いでし月かも

ふりさけ…？　さけのふりかけの歌にゃ？

独創的な解釈だけど、ちがうにゃ。この歌は、大陸の**「唐」**へわたった留学生・阿倍仲麻呂が、故郷のことを懐かしんで歌ったものにゃ。

異国の地で月を見上げ、故郷で見たのと同じ月だろうか…とうたっているにゃ。

歌の心がビンビン伝わってくるにゃ。

仲麻呂はとても優秀で、唐の皇帝に気に入られ、なかなか帰国を許してもらえなかったにゃ。

帰りたいのに帰れないなんて、かわいそうにゃ…。

帰国の許しが出たのは、唐へわたって35年経った55才の時にゃ。

35年…！　でも帰れたならよかったにゃ！

実は、船が難破して唐に戻ったから、**結局日本へ帰ることはできなかった**にゃ。

故郷には帰れなかったけれど、仲麻呂は**日本と唐の両方で活躍した有能な人**にゃ。

李白や王維といった唐で有名な詩人とも交流があったにゃ。

かわいそうだけどデキる人・仲麻呂…ありがとうにゃ…！

クイズ！

阿倍仲麻呂が留学した国はどこ？
①隋　②唐　③新羅

【答え】②唐

まとめクイズ！ MATOME QUIZ

まとめQ1

にゃんこたちが奈良時代の人物について話をしているにゃ。
だれのことを話しているか当ててほしいにゃ。

1

心配事が多い時代の天皇だったから…仏教に救いを求めた気持ち、わかるにゃ。大仏のおかげできっと不安がへったはずにゃ。

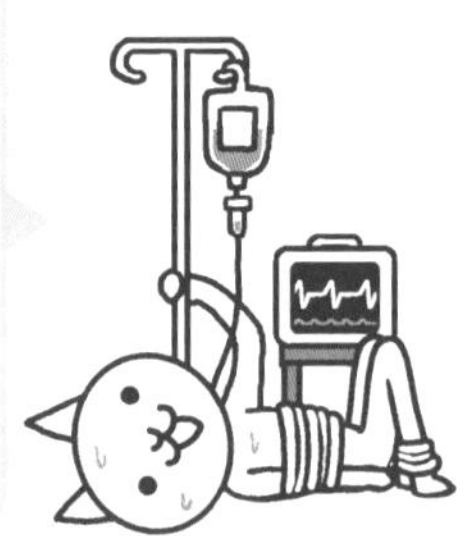

2

仏教を教えてくれるだけじゃなく、みんなのために道や貯水池をつくってくれるなんて、本物の菩薩かと思ったにゃ！

3

中国から日本の僧に戒律を授けに来てくれたにゃ！ 10年かかって、目が見えなくなっても、あきらめなかった立派な人にゃ！

4

唐（中国）に留学したまま、二度と日本に帰ることができなかったなんて、つらすぎにゃ！

阿倍仲麻呂

聖武天皇

鑑真

行基

全問正解したら完全勝利にゃ！ 全部まちがえたら…
何度でも26ページから出直してくれればいいにゃ！

奈良時代の歴史の年表を完成させたいにゃ！
□に当てはまる名前を入れるにゃ。

時代	年	人物とできごと
奈良	710	平城京に都が移される。
	717	1 □が遣唐使として唐（中国）へわたる。
	741	聖武天皇が全国に国分寺・国分尼寺を建てるように命じる。
	743	2 □天皇が大仏をつくることを発表する。
		大仏づくりに僧の3 □が参加する。
	752	大仏の開眼供養式が行われる。
	753	唐（中国）の僧の4 □が来日する。
		阿倍仲麻呂が帰国を許されるが、船が漂流して帰国できず。

答え Q1 1 聖武天皇　2 行基　3 鑑真　4 阿倍仲麻呂
Q2 1 阿倍仲麻呂　2 聖武　3 行基　4 鑑真

次は平安時代にゃ！

貴族が栄華を極めた時代！

平安時代【794年～1185年頃】

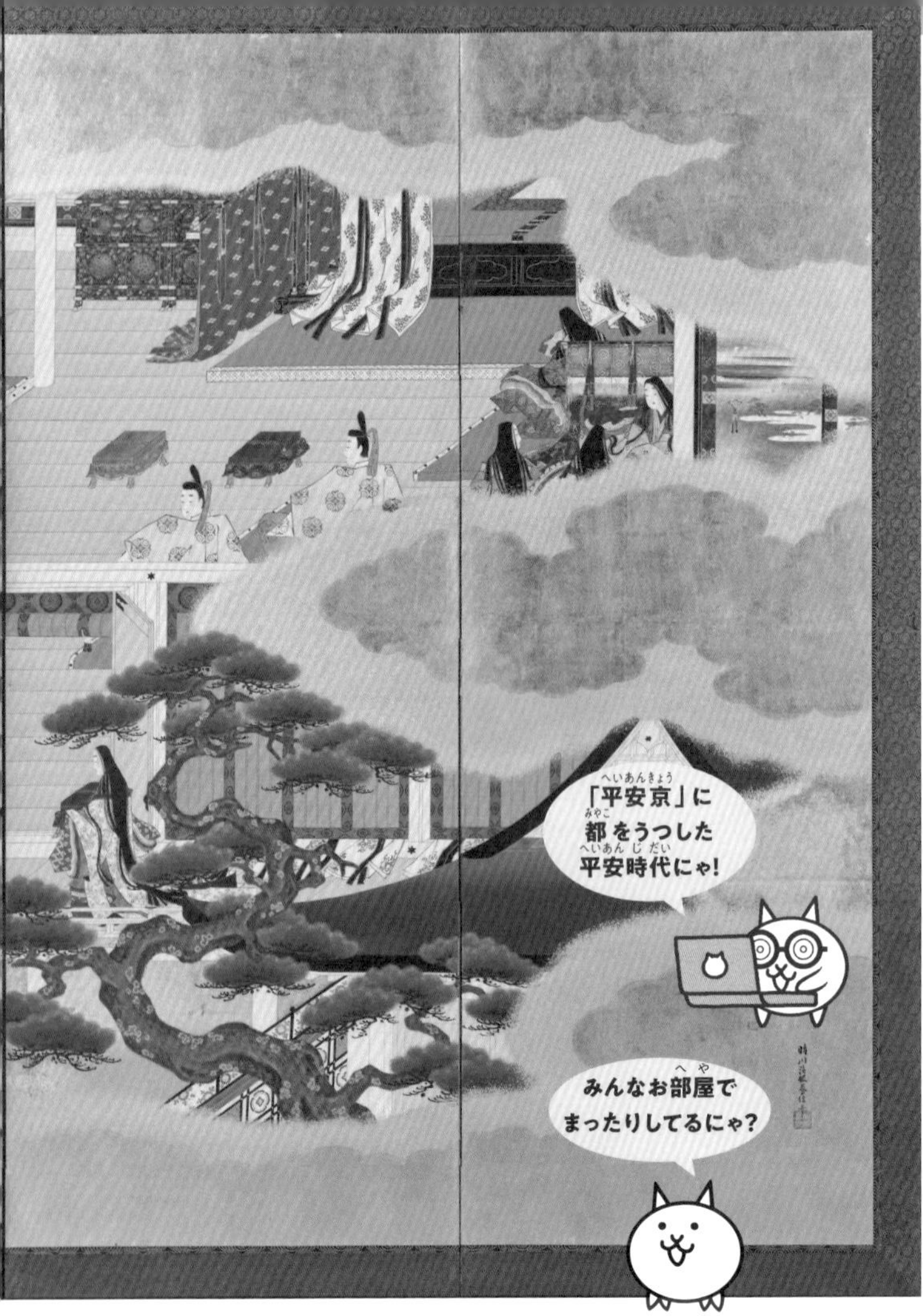

「平安京」に都をうつした平安時代にゃ！

みんなお部屋でまったりしてるにゃ？

貴族が力を持った時代

平安時代は、天皇に仕えた貴族たちが力を持ったにゃ。中でも、**藤原氏**が強い権力をふるった時代にゃ。

藤原道長に注目にゃ！

日本独自の文化

平安時代は、ひらがなの元になる「かな文字」など日本独自の文化が生まれたにゃ。

なんか優雅な時代にゃ！

十二単とよばれる着物が美しいにゃ。

▲狩野〈晴川院〉養信「源氏物語図屏風」(絵合・胡蝶)

ちなみに、上の絵は平安時代に大流行した文学「源氏物語」の一場面を絵にしたものにゃ。

武士の登場

この時代に「武士」という職業も生まれたにゃ。

お侍さんにゃ!? ワクワクするにゃ!

弥生
飛鳥
奈良
平安
鎌倉
室町
安土桃山
江戸
明治以降

NO.012

平安時代

桓武天皇

平安京に都を移した天皇

仏教から政治を切り離そうと、長岡京に1度目の引っ越し。

天皇中心の政治を取りもどす!

逃げるにゃ

たたりから逃げようと、平安京に2度目の引っ越し。

スゴイにゃ

朝廷に従わない蝦夷を支配下に置こうとした。

引っ越しに、このダンボールを貸すにゃ!

バナナ

基本データ

引っ越し運 ★★★

信仰心 ★★★ 行動力 ★★★

出身地:大和国(現在の奈良県)

生没年:737年~806年(没年70才)

仏教の勢力が強まったことで政治が乱れ、天皇中心の律令政治を立て直すために都を平安京に移した。最澄や空海などによる新しい仏教を保護し、東北地方で朝廷に従わない蝦夷を支配下に置こうとした。

桓武天皇は、奈良の平城京から、**京都に都を移した**にゃ。

なんでにゃ？ 気分転換？

都って気分転換で移すものじゃないにゃ。

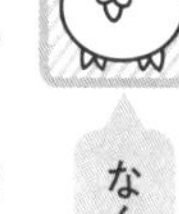

荷物を運べば終わりにゃ？

じゃないにゃ。お金も人手もたくさんいるにゃ。

そんなに大変なのになんで移したにゃ？

もとの場所では、政治がしにくくなったからにゃ。平城京では、仏教の力が大きくなりすぎたにゃ。

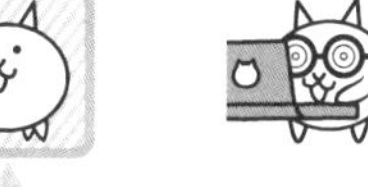

だから天皇中心の政治にもどすため、京都の**長岡京**に都を移すことにしたにゃ。

まるごと新しくするとは、スケール大きいにゃ！

でも長岡京では、天災が続いたり工事の関係者が暗殺されたりして、「何かのたたりでは？」といううわさが流れたにゃ。

不吉すぎにゃ。

桓武天皇のまわりでも不幸が続いて、結局長岡京づくりを中止したにゃ。そこで、新しく**平安京**をつくることにしたにゃ。

また新しい都にゃ!? 今度は長続きするにゃ!?

平安京は794年からちゃんと約400年続いたにゃ。

400年！ 平安京はずいぶん長続きしたにゃ！

知ってたら
大人の仲間入りにゃ！

蝦夷の抵抗

蝦夷とは、北陸・関東北部から東北地方にかけて住み、朝廷に服従していなかった人々のことにゃ。桓武天皇は何度も大軍を送って蝦夷を朝廷に従わせようとしたけど、強い抵抗にあったにゃ。

クイズ！

桓武天皇が最後に都を移したところは？

①平城京 ②長岡京 ③平安京

【答え】③平安京

NO.013

平安時代

最澄

天台宗を開き、延暦寺を建立した僧

基本データ

誠実さ ★★★　信仰心 ★★★

行動力 ★★★

出身地：近江（現在の滋賀県）

生没年：767年～822年（没年56才）

平安時代の僧で、政治の権力をにぎる仏教は本来の仏教ではないと考えた。比叡山で修行をした後、唐にわたって仏教を学び、帰国すると天台宗を開いて比叡山に延暦寺を建てた。

最澄は、**比叡山**に**延暦寺**を建てて修行した僧にゃ。

ひえ〜！斬新にゃ！

もしかしてダジャレにゃ…？

最澄は政治に口を出す仏教に疑問を持っていたにゃ。

政治に口を出す仏教が嫌いな人、ほかにもいた気がするにゃ。えーと…缶の天皇？

桓武天皇にゃ。最澄は比叡山で修行をした後、桓武天皇のすすめで唐にわたって学び、**天台宗**という新しい仏教を日本で開いたにゃ。

天台宗は、仏の前ではみんな平等で「**すべての人が仏になれる**」と説いたにゃ。身分や能力の差別を認めるそれまでの教えとはちがっていたにゃ。

プールでお経を読む仏教とかにゃ？

それは新しすぎにゃ。

差別なんてないほうがいいに決まってるにゃ！

その通りにゃ。だから最澄の教えは人々に人気だったし、桓武天皇も同じ考えの最澄をとても信頼して守っていたにゃ。

天皇に守られたにゃ？　そんなの怖いものなしにゃ…！

桓武天皇が亡くなった後は立場が苦しくなったけど、それでも天台宗を守り続けたにゃ。

守られてるだけの人じゃなかったにゃ！

延暦寺では多くの弟子たちが学んだにゃ。

最澄、サイコーにゃ！

もしかして、またダジャレにゃ…？

クイズ！

最澄が修行した山の名前は？
①比叡山　②高野山　③富士山

【答え】①比叡山

NO.014
平安時代
空海
真言宗を開き、金剛峯寺を建てた僧
スゴイにゃ
唐にわたり密教を習得!
伝説を多く残す、
弘法大師!
上手にゃ
字がとても上手、三筆の1人!
エライにゃ
人々のため社会事業にはげむ!
基本データ
信仰心 ★★★
行動力 ★★★
カリスマ性 ★★★
出身地：讃岐(現在の香川県)
774年～835年(62才で入定)
最澄とともに遣唐使に加わり唐へわたって密教を学んだ。帰国後、高野山に金剛峯寺を建て、真言宗を開いた。真言宗は嵯峨天皇に信仰され、貴族を中心に広まった。社会事業を行い「弘法大師」の名を贈られた。
字の美しさなら負けないにゃ!

「弘法にも筆の誤り」ってことわざを知っているにゃ？

ちょっと待つにゃ、確認するにゃ…うん、知らないにゃ！

何を確認したにゃ…？**「その道の名人であっても、失敗することはある」**という意味にゃ。

ああ！「**ネコクイズ王も早押しお手つき**」と同じ意味にゃ？

そんなことわざは存在しないと思うけど…。「弘法」（**弘法大師**）というのは、**空海**のことにゃ。空海は書道がとても上手だったにゃ。

ってことは、書道の先生にゃ？

ううん、**お坊さん**にゃ。空海は唐へわたり、これまでの仏教とはちがう**密教**を学んできたにゃ。

密教!? ギュウギュウの人混みでお経を読むにゃ？

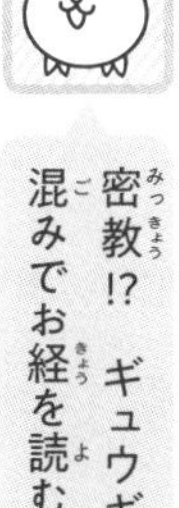

その「密」じゃなくて、**秘密の教え**のことにゃ。みんなが幸せになるように修行や活動をする宗派にゃ。唐から帰国すると、**高野山**に**金剛峯寺**を建て、**真言宗**を開いたにゃ。

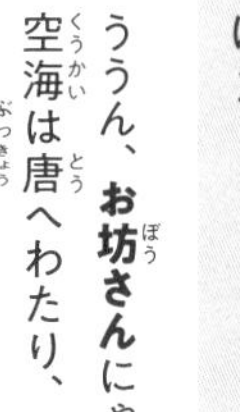

ほかにも空海は、**人々のために橋をかけ井戸を掘り、農業用水池をつくったり学校を建てたりした**にゃ。

助かることばかりにゃ。

かしこい上に人々のために尽くす空海の姿を見て、超人的な伝説がいろいろ生まれて残されているにゃ。空海がつえをつくと、そこから水がわき出したとか、温泉をわかせたとか。

密教を極めると魔法が使えるように…
ならないにゃ。あくまで伝説にゃ。

クイズ！

空海が建てた寺の名前は？

高野山□□□寺

【答え】（高野山）金剛峯（寺）

NO.015
平安時代
菅原道真
学問の神様としてまつられた学者
才能をねたまれ、無実の罪で大宰府に追放！
スゴイにゃ
朝廷内で先生を務める！
スゴイにゃ
遣唐使を停止させた！
コワイにゃ
祟りを恐れてまつられた！
学問の神様にゃ～
ありがたいにゃ～
基本データ
知力 ★★★
文才 ★★★
行動力 ★★★
出身地：山城国（現在の京都府）
生没年：845年～903年（没年59才）
学者の家に生まれ、藤原氏とは親せき関係のない宇多天皇に信頼されて、右大臣にまで出世した。道真の才能をねたんだ藤原氏らによって、無実の罪で大宰府（現在の福岡県）に追放され、2年後に病死した。

お次は**「学問の神様」**、菅原道真にゃ！

神様がいたにゃ？

亡くなった後、そう呼ばれるようになったにゃ。道真は、幼い時から学問がよくできて、朝廷内では先生を務めていたにゃ。

めちゃくちゃ頭のいい人だったにゃ？ オタネコみたいにゃ！

オタネコも「豆知識の神様」って呼ぶにゃ！

なんかニュアンスちがうような…。

道真は政治家としても有能で、**大臣にまで出世した**にゃ。

エリートって感じにゃ！

唐が滅びそうになると、危険をおかしてまで遣唐使を送る必要はないと、**遣唐使を停止**する提案をしたにゃ。

遣唐使が停止されると、日本の風土に合った「国風文化」が花開いたにゃ。

デキる男にゃ…！ ちょっと鼻につくくらいにゃ…！

まさに、道真は才能をねたまれて、無実の罪を着せられて大宰府※へ飛ばされてしまったにゃ。

一気に落ちぶれたにゃ…。

※現在の福岡県太宰府市。

道真が亡くなった後、道真を陥れた人々が次々に亡くなり、**道真の祟りだと恐れられるようになった**にゃ。

後ろめたいことがあると祟りが怖いものにゃ。
怒
ギク…

祟りをしずめるために、**北野天満宮**を建てて、道真の魂をまつったにゃ。時が経って、今は**学問の神様**として敬われているにゃ。

クイズ！

菅原道真は何の神様と言われている？

①学問 ②武道 ③商売

【答え】①学問

平将門

関東で反乱を起こした武士

基本データ

武力 ★★★　行動力 ★★★

人気 ★★★

出身地:下総(現在の茨城県南部)

生没年:不明~940年

桓武天皇の子孫で、下総国の豪族として生まれる。一族の争いをきっかけに、関東一帯を支配した。自ら「新皇(新しい天皇)」と名乗り、独立政権をつくろうと反乱(平将門の乱)を起こすが、平貞盛に倒された。

平将門は、朝廷に反乱を起こした**武士**にゃ。

反乱…やり場のないモヤモヤをぶつけたにゃ？

そんなにふわっとしてないにゃ！ このころ、豪族の中には、**自分たちの開拓した土地を守るために、武力を持つ者**が出てきたにゃ。

これが「武士」のはじまりにゃ。
武士は、朝廷や貴族に仕えたり、合戦や警備にあたったりしたわん。

そんな中、平将門は自分の領地を一族の者に奪われてしまったにゃ。

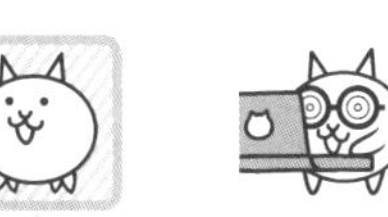

居場所がなくなるにゃ！

だから将門は**貧しい農民を集めて、開拓を始めた**にゃ。農民を大切にする将門のもとには大勢の人が集まって、やがて**関東を支配**するようになったにゃ。

農民に人気だったにゃ？

そうにゃ。農民に重い税をかけ、反抗すれば土地をとりあげていた**役人のやり方に将門は怒っていた**にゃ。

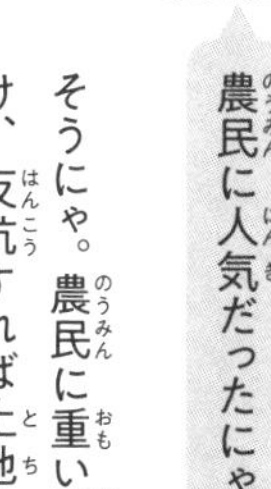

しんどすぎてやってられないにゃ。

そこで**自分こそ新皇（新しい天皇）**だと言って、新しい政権を打ち立てようと、関東で**平将門の乱**を起こしたにゃ。

勇気あるにゃ〜！

でも結局、驚いた天皇側が関東の豪族に将門を討つよう命令し、**将門は平貞盛との戦いで敗れた**にゃ…。

残念にゃ…。将門、安らかににゃ…。

ところが、京都でさらされていた**将門の首が、関東へ飛んできたという伝説**があるにゃ。

首に羽が生えたにゃ？
脚の可能性もあるにゃ。
どっちにしろ怖いにゃ…！

クイズ！

平将門が反乱を起こしたのはどこ？

①京都
②関東
③東北

【答え】②関東

NO.017

平安時代

藤原道長

華やかな平安貴族の頂点に立った男

スゴイにゃ
娘たちを天皇と結婚させて、最高権力者となる!

満月のように、すべてが思いのまま!

残念にゃ
病気には勝てなかった…。

自信満々にゃ
望月の和歌を詠む!

基本データ

知性 ★★★　実行力 ★★★
信仰心 ★★☆
出身地：山城国（現在の京都府）
生没年：966年～1027年（没年62才）

平安時代の貴族で、娘を次々と天皇の后にして摂政となり、政治の実権をにぎった。幼い天皇に代わって政治を行い、朝廷の重要な役職に藤原氏一族をつかせた。太政大臣になった道長は、藤原氏の絶頂期を築いた。

藤原道長は、平安貴族の中でもっとも華やかで贅沢な暮らしをしていたにゃ。

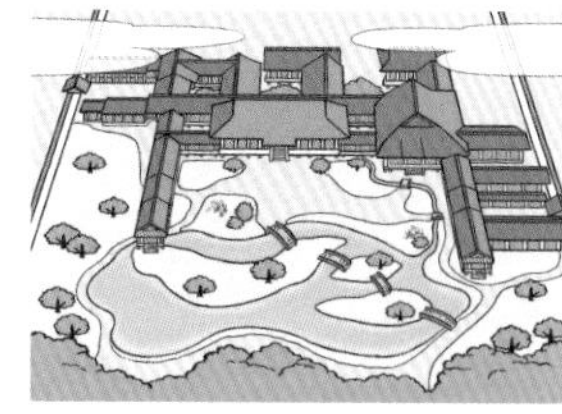

家も豪華な**寝殿造**という造りにゃ。

シンプルに、うらやましいにゃ！ なんでそんなにお金持ちにゃ？

道長は、娘を次々と天皇の后にして、**摂政**となって大きな力を持ったにゃ。

「摂政」は、天皇に代わって政治をする役職にゃ。

道長はこんな和歌も詠んだにゃ。

この世をば
わが世とぞ思う　望月の
欠けたることも
無しと思えば

「満月に欠けたところがないように、この世で自分の思い通りにならないことなどない」という意味の歌にゃ。

すごい自信にゃ…！

王様にしか詠めない和歌にゃ。

実際、大きな権力とたくさんの財産を持っていたから、その自信もわからなくはないにゃ。

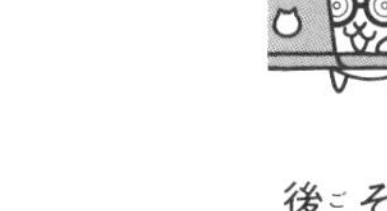

そんな道長だったけれど、最後は病気で亡くなったにゃ。

権力では病気とは戦えないにゃ…。

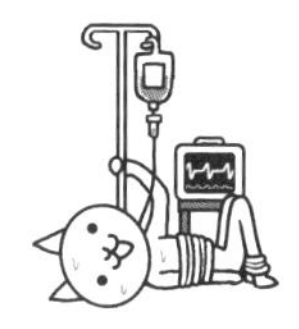

最後まで自信満々で亡くなったにゃ？

道長は死後には極楽に行くことを願う浄土の教えを信仰していて、豪華な法成寺も建てたにゃ。きっと極楽に行けるように、念仏を唱えながら亡くなったはずにゃ。

クイズ！

藤原道長が住んでいた豪華な家のつくりを何という？

①寝殿造　②書院造　③数寄屋造

【答え】①寝殿造

これ知ってたら、大人の仲間入りにゃ。

摂関政治

天皇を助ける地位を「摂政」や「関白」というにゃ。藤原氏は、自分のむすめを天皇の后にすることで、摂政や関白の地位を手に入れて力を持ったにゃ。
こうして天皇の代わりに摂政や関白が政治を行う体制のことを摂関政治とよぶにゃ。

天皇と自分のむすめとの間に生まれた子を次の天皇にする…これぞ政略結婚にゃ。

国風文化

平安時代に生まれた、日本風の文化のことにゃ。漢字の形を変えて作られた「かな文字」による文学作品や、ゆったりとした服装、廊下で結ばれた住宅のつくりなど、独自の文化が花開いたにゃ。

女性によるかな文字の文学がたくさん生まれたにゃ。

平等院鳳凰堂

藤原道長の息子・頼通が建てた寺・平等院の阿弥陀堂にゃ。京都の宇治に1053年に完成したにゃ。極楽浄土の姿を表現した建物として有名にゃ。

10円玉に載っているにゃ。

読めば歴史がもっと見えてくるにゃ！

＼オタネコの／ 極秘レポート！

OTANEKO GOKUHI REPORT

今回のテーマ

源氏物語

紫式部

『源氏物語』は、紫式部が書いた恋物語にゃ。主人公は「光源氏」という美貌と才能に恵まれた男性で、光源氏のさまざまな恋愛、栄華と没落、さらにその子孫たちの人生までつづられているにゃ。

紫式部は藤原道長の娘・彰子の家庭教師で、宮廷で働きながら10年かけて書き上げたにゃ。『源氏物語』は、実際に天皇をはじめ宮廷の多くの人々の間で大流行したそうにゃ。

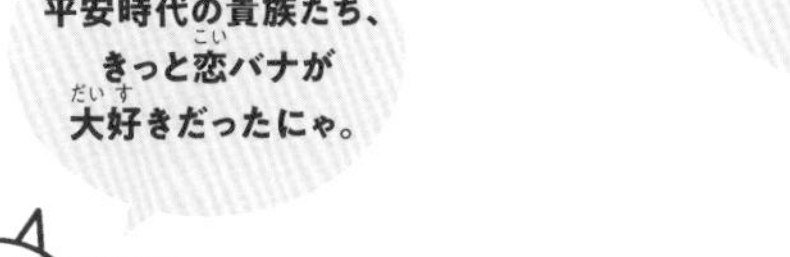

平安時代の貴族たち、きっと恋バナが大好きだったにゃ。

光源氏が想像以上に恋多き人生で、ビックリにゃ。

画像出典：世尊寺伊房 詞書 ほか『源氏物語絵巻』[3],和田正尚 模写,1911. 国立国会図書館デジタルコレクション https://dl.ndl.go.jp/pid/2590782（参照 2024-01-15）

弥生 — 飛鳥 — 奈良 — 平安 — 鎌倉 — 室町 — 安土桃山 — 江戸 — 明治以降

NO.018
平安時代
紫式部
平安時代のラブストーリー『源氏物語』の作者
現代まで読み継がれる
日本文学の最高傑作を書く！
スゴイにゃ
10年かけて
『源氏物語』を完成！
意外にゃ
清少納言と
仲が悪かった!?
ステキにゃ
ひかえめで、
まじめな勉強家。
光源氏に
恋したにゃ♡
基本データ
知性 ★★★
想像力 ★★★
社交性 ★☆☆
出身地：大和国（現在の奈良県）
生没年：10世紀後期～11世紀前期
藤原道長の娘で一条天皇の后だった、彰子の家庭教師となった。光源氏を主人公とした貴族の恋物語を描いた『源氏物語』は、宮中で大流行。10年をかけて書き上げられた。

紫式部は、**平安時代のベストセラー作家**にゃ！

有名な作品を書いたにゃ？

平安貴族の光源氏を主人公とした『**源氏物語**』にゃ！ **光源氏**を取り巻く宮中の女性たちとのラブストーリーにゃ。**日本文学の最高傑作**として、現代でも世界中で読まれているにゃ。

恋する気持ちは今も昔もおんなじにゃ。

そんなに有名なら、ちゃちゃっと読んでみようかにゃ。

ちゃちゃっと…は読めないかもにゃ。全部で**54巻**もあるにゃ。

54巻…!? 1日1巻読んでも2か月かかるにゃ！

書き上げるのには、**10年**かかってるにゃ。しかも紫式部は、宮中で働きながら、この物語を書きあげたにゃ。

作家と仕事の二足のわらじにゃ。

かしこくて知識が豊富な紫式部は、藤原道長に見込まれて、一条天皇の后・**彰子の家庭教師**になったにゃ。

作家で、天皇の后に仕えている…**すごいキャリアウーマン**にゃ！ こんな人ほかにいないにゃ！

実はもう1人、作家で天皇の別の后に仕えている女性がいたにゃ。

そんなすごい人がもう1人!?

『枕草子』を書いた**清少納言**にゃ。それぞれが仕えている后同士がライバル関係だったから、**紫式部と清少納言も仲が悪かったらしい**にゃ。

紫式部はひかえめでまじめな性格だったと言われているけれど、日記には**清少納言の悪口**が書かれているにゃ。

クイズ！

紫式部が書いたのは？

①源氏物語 ②枕草子

【答え】①源氏物語

NO.019

平安時代

清少納言

日本を代表する随筆『枕草子』の作者

宮中のできごとや四季の様子をいきいきと書く!

日本で初めての随筆集『枕草子』を書く!

スゴイにゃ

かな文字が広まるきっかけに!

イイ感じにゃ

少し気が強く、明るい人気者!

竹取物語も平安時代に書かれたにゃ。

基本データ

知性 ★★★　観察力 ★★★

社交性 ★★★

出身地：大和国（現在の奈良県）

生没年：10世紀後期～11世紀前期

藤原道隆の娘で一条天皇の后だった、定子の家庭教師になる。宮中での生活や四季の変化などを、するどい観察力と豊かな感性で書き上げた『枕草子』は、世界的に有名な日本文学の1つといわれている。

清少納言は…

紫式部の日記に悪口書かれてた人にゃ！

そうだけど、もちろんそれだけの人じゃないにゃ。『枕草子』っていうすごい文学作品を残したにゃ。

まくら…お布団の話にゃ？

気持ちはわかるけど、ちがうにゃ。『枕草子』は**300あまりの短い文章からなる日本初の随筆集**にゃ。

「随筆」とは見聞きしたことや心に浮かんだことを、自由に書いた文章のことにゃ。

えーと…つまり、どんなものにゃ？

たとえば、『枕草子』の書き出しはこうにゃ。
「春はあけぼの」
「春は夜明けがよい」という意味にゃ。

「あたりが白くなると、山の上が少し明るくなって、空に紫がかった雲がたなびいているようすがいい」そうにゃ。

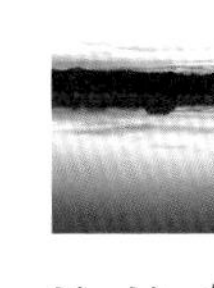

春の夜明けの様子が、目に浮かぶようにゃ〜。

宮中の生活や貴族たちのことも書かれているにゃ。

随筆、書いてみたいにゃ！

昼は揚げ物。エビフライも、コロッケもいい。

おなかが空く随筆にゃ…。

ちなみに『枕草子』や紫式部の『源氏物語』などには、**かな文字**が使われたにゃ。かな文字は、平安時代の文学作品の人気から広まっていったにゃ。

安	以	宇	衣	於
あ	い	う	え	お

ひらがなは漢字からできているにゃ。

クイズ！

『枕草子』で、春はいつがいいと書かれていた？
①夜明け　②夕暮れ　③夜

【答え】①夜明け

NO.020

平安時代

平清盛

武士ではじめて太政大臣になった平氏のリーダー

スゴイにゃ
武士ではじめて政治の実権をにぎる!

「平氏でなければ人ではない!」

ツライにゃ
源氏との戦いの中、病死。

ズルイにゃ
平氏一族が重要な役職をひとりじめ!

基本データ

武力 ★★★　知力 ★★★

運 ★★☆

出身地:山城国(現在の京都府)

生没年:1118年~1181年(没年64才)

保元の乱と平治の乱で勝利し、源氏をおさえ政権をにぎった。武士としてはじめて朝廷の最高位である太政大臣となり、朝廷の高い地位を平氏一族がひとりじめした。日宋貿易でもうけた。

祇園精舎の鐘の声、諸行無常の響きあり。沙羅双樹の花の色、盛者必衰の理をあらはす。

オタネコ!? 何の呪文にゃ!?

呪文じゃないにゃ。**『平家物語』**という、平氏の栄光と没落を描いた物語のはじまりの一節にゃ。

今日1日じゃんけんで負ける呪いかと思ったにゃ!

それ何のための呪いにゃ…?

意味は、**「今、栄えている者も、必ず衰える時がくるものである」**ということにゃ。

つまり、じゃんけんで勝ち続けることはできない、という…?

じゃんけんから離れてほしいにゃ。これは、**武士ではじめて太政大臣になり、政治で権力を持った平清盛**をあらわした言葉にゃ。

清盛は権力を持つと、高い地位を**平氏の一族でひとりじめ**したにゃ。おかげで平氏はとっても強い力を持ったにゃ。

イケイケ状態にゃ!

平氏の一族じゃない人は肩身がせまそうにゃ…。

平氏の中には、**「平氏でなければ人でなし」**と言う者までいたらしいにゃ。

ここだけの話、人じゃないにゃ。

それは一目でわかるにゃ。

そんな清盛に不満を持つ人たちも多く、**源頼朝**が立ち上がったにゃ。そして、源氏との戦いが続く中、清盛は病死したにゃ。

栄えても必ず衰える…深い言葉にゃ…。

クイズ!

平清盛が武士ではじめてなった、もっとも高い位は?

①右大臣 ②太政大臣 ③左大臣

【答え】②太政大臣

スゴイにゃ

30年以上も院政を行った!

NO.021

平安時代

後白河法皇

平氏と源氏をうまく操った法皇

武士勢力をたくみに利用し、権力を維持し続けた

おどろきにゃ

歌に熱中した遊び人だった!?

ウワサにゃ

日本一の大天狗と呼ばれた!?

王たるもの、強者を操るにゃ。

基本データ

柔軟性	★★★	知性	★★☆
行動力	★★☆		

出身地：山城国（現在の京都府）

生没年：1127年～1192年（没年66才）

崇徳上皇との争い（保元の乱）に勝ち、二条天皇に位をゆずり院政をはじめた。源氏と平氏の勢力争い（平治の乱）で平清盛が勝利し、政権をにぎるようになると、源氏に平氏を倒させようとした。

法皇って、なんかすごそうな肩書きにゃ！

天皇が位を退くと「**上皇**」になって、上皇が出家すると「**法皇**」になるにゃ。

同じ人だけど呼び方が変わる…出世魚と同じにゃ？

結局、どの肩書が一番エライにゃ？

本来は「天皇」が一番高い位だけど、後白河法皇は**院政**で**30年以上も実権をにぎっていた**にゃ。

魔王と法皇、どっちがエライにゃ？

さあ…

院政って何にゃ？

本来引退したはずの上皇や法皇が、天皇に代わって政治を行うことにゃ。

影の支配者みたいにゃ！

その通りにゃ。後白河法皇は、貴族による政治から、武士による政治に変わろうとする中で、**平氏や源氏の勢力を操って争わせ、時代をたくみに乗り切った**にゃ。

法皇好みに踊らせるにゃ。

そんな後白河法皇のことを、源頼朝は「**日本一の大天狗**」と呼んだにゃ。

ちなみに後白河法皇は、若いころは**天皇になれないと言われていた**にゃ。それは、平安時代の終わりに流行った**歌謡が大好きで、遊んでばかりいたから**にゃ。

なんかロックな人にゃ…！

親近感わいてきたにゃ！

クイズ！

後白河法皇が行った政治を何という？

□政

【答え】院(政)

まとめクイズ！ { MATOME QUIZ }

まとめQ1

平安時代の歴史人物とキーワードを書いたかるたのペアを、
うっかりばらばらにしてしまったにゃ！
1～5のかるたをペアにもどすにゃ！

1

2

3

4

5

全問正解したら完全勝利にゃ！　全部まちがえたら…
何度でも38ページから出直してくればいいにゃ！

まとめQ2

平安時代の歴史の年表を完成させたいにゃ!
□に当てはまる名前を入れるにゃ。

時代	年	人物とできごと
平安	794	桓武天皇が都を平安京に移す。
	806	1 □が天台宗を開く。
		2 □が真言宗を開く。
	901	3 □が大宰府（福岡県太宰府市）に流罪になる。
	935	平 将門の乱が起きる。
		4 □が『枕草子』をつくる。
		5 □が『源氏物語』をつくる。
	1016	藤原道長が摂政になる。
	1167	平 清盛が太政大臣になる。
	1185	壇ノ浦の戦いで平氏がほろびる。

答え Q1 1 桓武天皇　2 平 将門　3 藤原道長　4 平 清盛　5 後白河法皇
Q2 1 最澄　2 空海　3 菅原道真　4 清少納言　5 紫式部

武士の世の中がやってきた
鎌倉時代
【1185年頃〜1333年】

これは「源平の合戦」を描いた絵にゃ。

おさむらいさんにゃ！

▲「源平合戦図屏風」

鎌倉時代のはじまり

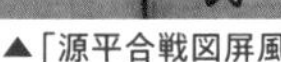

平安時代の終わり、武士の二大勢力、平氏と源氏が**「源平の合戦」**で戦って、源氏が勝利したにゃ。

勝った源頼朝は、鎌倉（神奈川県）で、鎌倉幕府を開いたにゃ。

平清盛 P.058
源　頼朝 P.066
源　義経 P.068

あれ？　じゃあ、天皇はいなくなったにゃ？

天皇や朝廷は京都に残っていたにゃ。源頼朝は朝廷から**征夷大将軍**に任命されて、武士の政治を進めたにゃ。

鎌倉時代は、はじめて武士が政治をした時代にゃ！武士が中心の政治は、このあと江戸時代が終わるまで680年も続いたにゃ。

源　頼朝 P.066
北条政子 P.070

武士のくらし

武士は戦いがあると、幕府のために命がけで戦ったにゃ（奉公）。戦いで活躍すると、幕府からほうびに土地をもらえる（ご恩）から、がんばったにゃ。

▲「男衾三郎絵巻」

戦いにそなえてこうやって稽古をしていたにゃ。

鎌倉幕府のピンチ・元寇

鎌倉時代の終わりごろ、モンゴル（元）から強い軍が攻めてきたにゃ。

▼「蒙古襲来絵詞」

痛そうにゃ…。

集団で攻める元の軍

鎌倉幕府の武士

元寇というにゃ。

武士たちは負けちゃったにゃ？

暴風雨も味方して、どうにか追い払えたにゃ。

でも、武士たちはがんばったのに、幕府はほうびの土地を与えることができなかったにゃ。

北条時宗 P.080

この時苦労したのがこの人にゃ。

がんばったのにごほうび無し…!? 納得できないにゃ！

そうして武士の不満がたまって、鎌倉幕府の力は弱まっていったにゃ。

NO.022

鎌倉時代

源頼朝

征夷大将軍になり鎌倉幕府を開いた将軍

スゴイにゃ
東日本の武士団の頭になる!
初めて武士による政治が始まる!
意外にゃ
落馬で死亡した!?
スゴイにゃ
鎌倉に幕府を開く!
源氏による、武士の時代にゃ!

基本データ

人望 ★★★　武力 ★★☆

知力 ★★★

出身地:山城国(現在の京都府)

生没年:1147年~1199年(没年53才)

壇ノ浦の戦いで平氏を滅ぼし、国ごとに守護・地頭を置き、東国を中心に勢力を広げた。征夷大将軍となって鎌倉幕府を開いた。幕府と御家人の間に「ご恩と奉公」で結ばれたしくみをつくった。

源頼朝の登場にゃ！　武士の政治のはじまりにゃ〜。

武士の政治？　武士ってたしか朝廷に仕えてる、戦う人たちのことにゃ？

そうにゃ。頼朝は朝廷から**征夷大将軍**に任命されたにゃ。

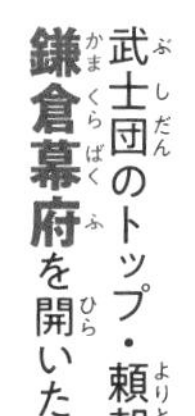

武士団のトップ・頼朝は**鎌倉幕府**を開いたにゃ！

ばく…なんとかには何が入ってたにゃ？

にゃんこが詰まってたにゃ？

幕府は箱じゃないにゃ。武士団の頭が、政治を行うところを**幕府**というにゃ。鎌倉に開いたから、鎌倉幕府にゃ。

鎌倉が好きだったにゃ？

鎌倉は、三方が山に囲まれ、一方が海に面していて、敵に攻め込まれにくい地形だからにゃ。

鎌倉の地形

戦いにそなえて場所を選ぶなんて武士っぽいにゃ！

でも頼朝は、**ある日馬から落ち、その傷がもとで亡くなってしまった**にゃ。

ええっ⁉　武士のトップなのに、馬から落ちたにゃ⁉

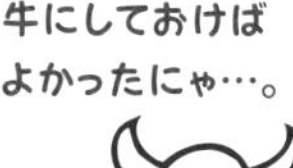

牛にしておけばよかったにゃ…。
ウシに乗る武士…？

頼朝の死には、暗殺説や病死説、たたり説など、いろいろなうわさがあって、**真相は今もわかっていない**にゃ。

クイズ！

源頼朝が開いたのは？

□□幕府

【答え】鎌倉（幕府）

NO.023

鎌倉時代

源義経

壇ノ浦の戦いで平氏を滅ぼした武将

基本データ

知力 ★★☆　武力 ★★★

行動力 ★★☆

出身地:山城国(現在の京都府)

生没年:1159年~1189年(没年31才)

奥州藤原氏のもとで育ち、兄の源頼朝が平氏を倒すために兵をあげると、頼朝のもとへ駆けつけ優れた作戦で活躍し、平氏を滅ぼした。しかし、頼朝に無断で朝廷から位を授かったことにより追放された。

源義経は源頼朝の**弟**にゃ。

子供の時の名前は「牛若丸」にゃ。

兄弟で有名人にゃ！ 仲良し兄弟だったにゃ？

少なくとも、最初はそうにゃ…。頼朝と義経は別々に育ったけど、頼朝が平氏を倒そうと兵をあげると、それを知った義経は急いで援軍に駆けつけたにゃ。

感動の兄弟愛にゃ！

しかも義経は**めちゃめちゃ強かった**にゃ。頼朝に源氏軍の指揮を任されて、驚くような戦法で次々と平氏の軍を倒していったにゃ。

一ノ谷の戦いでは、**馬でがけをかけ降りたり**とか。

がけを、馬で!? あぶないにゃ！ なんでにゃ!?

がけの下にいた平氏の軍を背後から攻撃するためにゃ。義経は、がけをかけ降りるシカを見て、**「シカが降りられるなら馬もできる」**と言って、作戦を実行したにゃ。

シカにできるならきっと…！
無理しないほうがいいと思うにゃ。

この奇襲攻撃の成功で、義経は名をあげたにゃ。そして、**壇ノ浦の戦い**でついに平氏を滅ぼしたにゃ。

かっこよすぎにゃ！ きっと頼朝も大喜びにゃ。

ところが、そうでもなかったにゃ。義経は頼朝に無断で、後白河法皇から朝廷の役職をもらったにゃ。**勝手な行動をする義経に頼朝が怒って、対立する**ようになって…。

いやな予感がするにゃ…。

頼朝に追われた義経は、最終的に逃げ場を失い自ら命を絶ったにゃ。

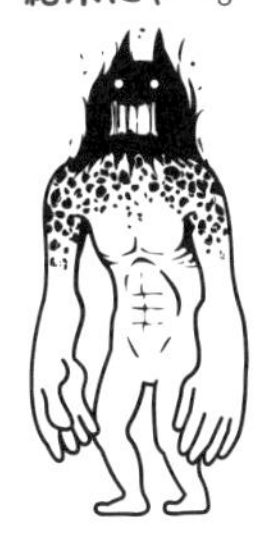

クイズ！

源義経が平氏を滅ぼした戦いは？

□□□の戦い

【答え】壇ノ浦（の戦い）

NO.024
鎌倉時代
北条政子
鎌倉幕府の実権をにぎった尼将軍
頼朝が死んだ後も鎌倉幕府を支えた!
スゴイにゃ
頼朝が将軍になる人物だと見抜いた!
強いにゃ
御家人を結束させ、承久の乱で朝廷軍に勝利!
スゴイにゃ
頼朝の死後も「尼将軍」として鎌倉幕府を支えた!
情熱では負けないにゃ!
基本データ
情熱 ★★★ 知力 ★★★
行動力 ★★★
出身地:伊豆(現在の静岡県)
生没年:1157年~1225年(没年69才)
伊豆の北条時政の娘。源頼朝の妻。頼朝の死後は、幼い将軍に代わって、出家していた政子が政治を指揮した。後鳥羽上皇が幕府を倒そうと兵をあげたときも、御家人たちを励まして幕府の危機を救った。

北条政子は、源 頼朝の**妻**にゃ。情熱的な恋をした2人といわれているにゃ！

この時代にはめずらしい恋愛結婚にゃ。

頼朝は幕府を開く前、平氏との争いに負けて、伊豆に閉じ込められていたにゃ。政子の父親・時政は、その監視役だったにゃ。

敵と味方ってことにゃ？ ロミオとジュリエットみたいにゃ！

頼朝と政子が恋仲になっていることを知った父親は大反対したにゃ！ 政子をほかの人と結婚させようとしたけど…

なんと政子は**夜中に山を越えて逃げてきて、頼朝と結婚した**といわれているにゃ。

山なら2歩くらいで越えられるにゃ。

それは人類にはちょっと無理にゃ。

行動力が半端じゃないにゃ。

そう、政子の行動力はすごかったにゃ。頼朝が鎌倉幕府を開くと、時政が**執権**※となって、北条家は頼朝を支えたにゃ。

※将軍を助ける役目。

父親にも、最終的には認めさせたってことにゃ！

さらにすごいのは**頼朝が亡くなったあと**にゃ。

政子は出家して尼になったんだけど、若い将軍に代わって御家人をまとめて**「尼将軍」**と呼ばれたにゃ。

カリスマのなせるわざにゃ。

後鳥羽上皇が鎌倉幕府を倒そうとした**承久の乱**では、動揺する御家人たちに、

頼朝から受けたご恩を忘れるな！

と訴えかけ、幕府軍は団結し、見事勝利したにゃ。

クイズ！

出家した政子のことを何と呼んだ？

□将軍

【答え】尼（将軍）

これ知ってたら、大人の仲間入りにゃ。

ご恩と奉公

幕府の将軍と御家人（家来の武士）との結びつきのことにゃ。御家人が将軍のために戦うことを「奉公」、将軍がほうびとして御家人に領地をあたえるのが「ご恩」にゃ。

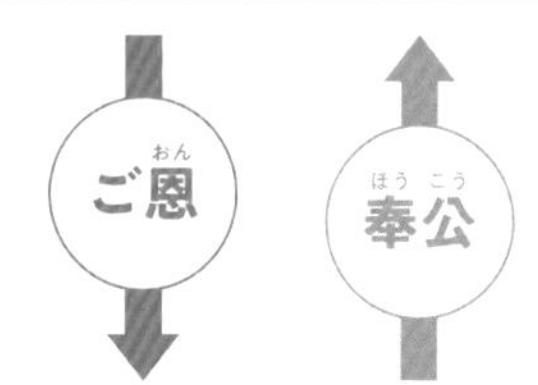

執権政治

鎌倉幕府の将軍を助ける役職を「執権」というにゃ。北条政子の父・時政が執権についてから、代々北条氏が役職を受け継いだにゃ。頼朝の死後、執権を中心として行われた鎌倉幕府の政治を「執権政治」と呼ぶにゃ。

幕府の政治は執権の北条氏におまかせだったにゃ！

御成敗式目

武士のための初めての法律にゃ。1232年に、3代目の執権・北条泰時が定めたにゃ。土地をめぐる政治の判断基準などがまとめられているにゃ。

御成敗式目は、武士の法律の見本になったにゃ。

読めば歴史がもっと見えてくるにゃ!

＼オタネコの／

極秘レポート!

OTANEKO GOKUHI REPORT

今回のテーマ

源平の合戦

1180年から1185年の間におきた、源氏と平氏の争いのことにゃ。
源氏と平氏は武士団の2大勢力で、勢力争いをしていたにゃ。
源 頼朝が兵を挙げてから平氏をほろぼすまで、
5年間続いた争いの中でもとくに有名なのはこの3つにゃ。

1184年2月　一ノ谷の戦い（兵庫県）

源 義経が、平氏の背後にあった崖を
馬でかけおりて奇襲をしかけて源氏が勝利したにゃ。

那須与一、
会いたいにゃ〜。
あこがれるにゃ〜。

1185年2月　屋島の戦い（香川県）

海での戦いに備えていた平氏を、源 義経が陸側から奇襲をしかけて
源氏が勝利したにゃ。義経の家来・那須与一が扇の的に
弓矢を見事命中させたというエピソードも有名にゃ。

那須与一は
『平家物語』にだけ
登場するナゾの
人物にゃ。

1185年3月　壇ノ浦の戦い（山口県）

源氏と平氏の最終決戦にゃ。
平家の一族は海に身を投げてほろびたにゃ。

鎌倉時代

法然

新しい仏教の浄土宗を開いた僧

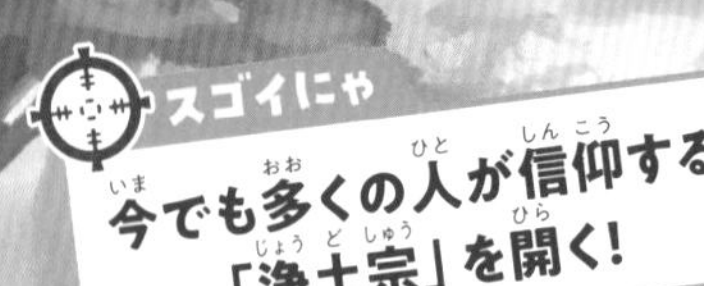

今でも多くの人が信仰する「浄土宗」を開く!

念仏を唱えれば、だれでも極楽浄土へ生まれ変われる!

ありがたいにゃ

念仏を唱えれば、だれでも極楽浄土へ行けると説く!

悲しいにゃ

念仏を禁止され、流罪になる。

基本データ

信仰心	★★★	知力	★★★
人望	★★★		

出身地：美作（現在の岡山県）

生没年：1133年～1212年（没年80才）

武士の子として生まれ9才で父を亡くした法然は、比叡山で仏教を学び厳しい修行を行った。新しい仏教の「浄土宗」を開き、地方の武士や庶民を中心に広めたが、古い仏教を信じる人々から憎まれ追放された。

こんなところでセミが死んでる…なんまんだぶなんまんだぶ…。

ネコ、それどこで覚えたにゃ？

このおまじない？ さっき通りすがりのおばあちゃんが教えてくれたにゃ。

それは**「南無阿弥陀仏」**。**浄土宗**という仏教の念仏にゃ。法然が開いた宗派にゃ。

念仏？ おまじないじゃないにゃ？

「阿弥陀仏にすべてお任せします」という意味にゃ。

厳しい修行や善い行いをしなくても、**「南無阿弥陀仏」と念仏を唱えるだけで、極楽浄土へ生まれ変われるというのが浄土宗の教え**にゃ。

修行なしで極楽へ？
踊ってるだけでも？

寝てるだけでも？
ラクすぎにゃ？

めちゃくちゃラクにゃ。だから浄土宗は、**武士や庶民に人気**になったにゃ。

でも、古くからの仏教を信じている人々から強い反対にあい、**念仏を禁止**されたにゃ。

まじめに修行してる人からしたら、許せない気持ちもわかるにゃ。

結局、法然は四国に追放されてしまったにゃ。

戦いが多かった鎌倉時代には、庶民を不安から救う新しい仏教がほかにも登場したにゃ。**親鸞の浄土真宗や日蓮の日蓮宗、一遍の時宗、栄西の臨済宗、道元の曹洞宗**とか。

なんてことにゃ！
「なむあみだぶつ」にゃ！

使い方がちょっとちがうような…。

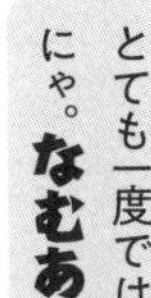

とても一度では覚えられないにゃ。**なむあみだぶつ！**

何でもかんでも言えばいいってわけじゃないにゃ。

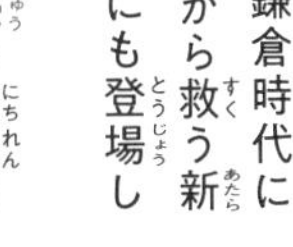

クイズ！

浄土宗の念仏は？

「南無□□□□」

【答え】（南無）阿弥陀仏

NO.026
鎌倉時代
親鸞
法然の弟子！「浄土真宗」を開いた僧
スゴイにゃ
法然の教えに心ひかれて弟子入り！
善人が救われるなら、悪人だって救われる！
ビックリにゃ
タブーをおかして結婚!?
スゴイにゃ
浄土真宗を開き、悪人こそが救われると説く。
どろぼうでも阿弥陀如来が救ってくれるにゃ！
基本データ
信仰心 ★★★
行動力 ★★★
意外性 ★★★
出身地：山城国（現在の京都府）
生没年：1173年～1262年（没年90才）
「浄土真宗」を開いた人物。比叡山で修行し、浄土宗を開いた法然の弟子となる。越後（新潟県）に流罪になった後も、常陸国（茨城県）を拠点にして念仏の教えを広めた。

浄土宗を開いた**法然の弟子**が親鸞にゃ。**浄土真宗**を開いたにゃ！

「なむあみだぶつ」って言えば救われる浄土宗と何がちがうにゃ？ **もはや何もしなくても救われちゃう**とか？

ほぼ正解にゃ！

ええっ？ ボケたつもりだったにゃ…！

親鸞は、法然の教えとちがって「**阿弥陀如来を信じさえすれば、だれでも極楽浄土へ生まれ変われる**」と説いたにゃ。

この教えを「**他力本願**」というにゃ。

親鸞って、ラクしたいタイプにゃ？ 仲良くなれそうにゃ。

それはどうかにゃ…。親鸞は**比叡山で20年間修行**をしてるにゃ。それでもさとりをひらけなかったから、法然の弟子になったにゃ。

比叡山の修行は厳しいことで有名にゃ。

すごいストイックなタイプだったにゃ…。

さらに、親鸞は「**修行をした善人はおのずと極楽へ行ける。如来は自力では救われない悪人こそを救ってくれる**」と説いて、多くの武士たちに人気になったにゃ。

なんか説得力あるし、信じたくなる教えにゃ！

親鸞は、僧がタブーをおかしても救われることを示すために、結婚して妻を持った僧でもあるにゃ。

ダイジョブーにゃ。

タブーとランデブーにゃ。

クイズ！

親鸞の開いた宗派といえば？

①浄土宗 ②浄土真宗

【答え】②浄土真宗

NO.027

鎌倉時代

後鳥羽上皇

鎌倉幕府を倒そうと承久の乱を起こした上皇

基本データ

政治力 ★★★　文才 ★★★

人望 ★★★

出身地：山城国（現在の京都府）

生没年：1180年～1239年（没年60才）

3代将軍 源 実朝が死んで源氏の血が絶えると、鎌倉幕府を倒して、天皇による政権を取りもどそうとした（承久の乱）。しかし、幕府と御家人の結束は固く、朝廷軍は大敗。後鳥羽上皇は隠岐の島に流された。

後鳥羽上皇は、いいことと残念なこと、それぞれで有名なことがあるにゃ。どっちから聞きたいにゃ？

じゃあ、いいことからがいいにゃ！

いいことは**和歌の才能があったこと**にゃ！　藤原定家らに命じてつくらせた**『新古今和歌集』**も有名にゃ。

『新古今和歌集』は、約2千首を集めた和歌集にゃ。

百人一首に後鳥羽上皇の和歌も載っているにゃ。

ほかにも、琵琶や笛の演奏、蹴鞠など、**何でもできる多才な人物**にゃ。

マルチな才能にゃ！　しかも上皇なのに、残念なことなんてあるにゃ？

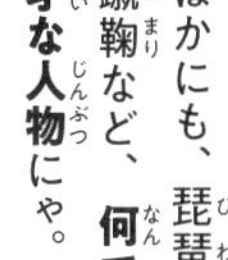

天皇による政治を復活させようとして、鎌倉幕府に**承久の乱**っていう戦いを挑んだんだけど…

もしかして…

負けたにゃ。

3代将軍の源実朝が死んで、**源氏の血筋が途絶えた**にゃ。そのとき鎌倉幕府で政治をしていた北条氏を倒せと御家人たちに命令すれば、**きっとみんな上皇の自分に従うはずだ**と思ってたにゃ。

上皇ってエライ人だしにゃ。

だけど鎌倉幕府と御家人は**「ご恩と奉公」**でしっかり結ばれていて、御家人は見返りをくれる**幕府のほうに味方した**にゃ。

見返りって大事にゃ…。

つまり、いい和歌は詠めたけど、**時代の流れは読めなかった**…ってことにゃ？

すごくうまいこと言ってるにゃ…！

クイズ！

後鳥羽上皇が起こした戦いを何という？

①保元の乱　②平治の乱　③承久の乱

【答え】③承久の乱

NO.028

鎌倉時代

北条時宗

大国・元の襲来から日本を守った若き執権

天も味方し元軍を追いはらう!

ラッキーにゃ
暴風雨が1度目の元軍の襲来を防いだ!

残念にゃ
御家人にあたえる褒美がなかった…。

ラッキーにゃ
またしても、暴風雨が2度目の元軍の襲来を防いだ!

神風が味方したにゃ!!

基本データ

運 ★★★　武力 ★★☆

知力 ★★☆

出身地：相模国（現在の神奈川県）

生没年：1251年〜1284年（没年34才）

鎌倉幕府の第8代執権。2度にわたる元（現在の中国）の襲撃（文永の役・弘安の役）から日本を守ったが、御家人たちに褒美をあたえることができず、鎌倉幕府への不満は高まっていった。

北条時宗が、鎌倉幕府の第8代執権についたころ、日本に**大ピンチ**がおとずれたにゃ。

ちびネコが迷子になったとか!?

それはちびネコ単独の大ピンチにゃ。

中国大陸を支配していた元という大国が、日本を従わせようと使者を送って来たにゃ。

ええっ？　ど、どうしたにゃ？

時宗は、その使者を無視して、返事をしなかったにゃ。

これでなかったことに…

なるわけないにゃ！

結果、**元の大軍が攻めてきた**にゃ。しかも、元軍には当時の日本にはなかった火薬の武器（てつはう）があったにゃ。

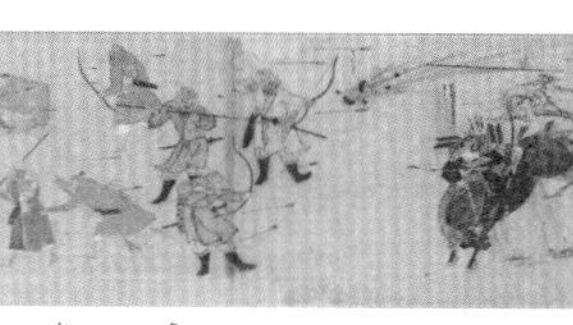

勝てる気がしないにゃ…！

もちろん元軍が優勢だったんだけど、そのときたまたま**激しい暴風雨**が起きたおかげで**元軍は撤退した**にゃ。

自然の力！　ラッキーにゃ！

時宗は次の襲来に備えて、沿岸に石の**防塁**を築きあげたにゃ。

そのあと再び元軍が攻めてきたんだけど、なんと、**また暴風雨が来て元軍は引き揚げていった**にゃ。

ラッキーが2度続くと、奇跡にゃ…！

この2度にわたる元の襲来・**「元寇」**を追い返した時宗だったけれど、3年後に心労で亡くなったにゃ。

ちびネコが見つからなかった心労にゃ…？

ちがうにゃ。時宗が心をくだいたのは元寇にゃ。

クイズ！

元は日本に何回攻めてきた？

①1回

②2回

③3回

【答え】②2回

まとめクイズ！ MATOME QUIZ

まとめQ1

にゃんこたちが鎌倉時代の好きな人物について話をしているにゃ。
だれのことを話しているか当ててほしいにゃ。

1 鎌倉幕府をひらいた将軍にゃ。ご恩と奉公で結ばれた関係性、あこがれるにゃ！

2 頼朝亡き後、鎌倉幕府を支えた尼将軍、ステキにゃ♡

3 驚くような戦法で源氏軍を指揮して壇ノ浦の戦いで平氏を滅ぼした強さ、ときめくにゃ！

4 天も味方して元軍を追い払うことができたラッキーな人にゃ！

5 南無阿弥陀仏を唱えれば極楽浄土へ生まれ変われるって教え、心ひかれるにゃ！

全問正解したら完全勝利にゃ！　全部まちがえたら…
何度でも64ページから出直してくればいいにゃ！

まとめQ2

鎌倉時代の歴史の年表を完成させたいにゃ!
□に当てはまる名前を入れるにゃ。

時代	年	人物とできごと
鎌倉	1175	1 □が浄土宗を開く。
	1185	源氏が平氏をほろぼす。 源頼朝が鎌倉に幕府を開く。
	1192	2 □が征夷大将軍に任命される。
	1221	3 □が承久の乱を起こす。
	1224	4 □が浄土真宗を開く。
	1232	はじめての武家法の御成敗式目が制定される。
	1274	5 □が執権のとき、元軍が襲来する(文永の役)。
	1281	元軍が再び襲来する(弘安の役)。
	1333	鎌倉幕府がほろびる。

答え Q1 1 源頼朝 2 北条政子 3 源義経 4 北条時宗 5 法然
Q2 1 法然 2 源頼朝 3 後鳥羽上皇 4 親鸞 5 北条時宗

足利氏による室町幕府！独自の文化が花開いた！

室町時代【1336年頃～1573年】

※1333年から1392年までを南北朝時代ととらえる見方もあるにゃ。

南北2つの朝廷の混乱

鎌倉幕府の力が弱まると、後醍醐天皇などによって幕府は倒されたにゃ。

後醍醐天皇 P.086

楠木正成 P.088

足利尊氏 P.090

じゃあ、後醍醐天皇が新しく政治の力を持ったにゃ？

ところが、このあと、2つの朝廷ができてしまうにゃ。

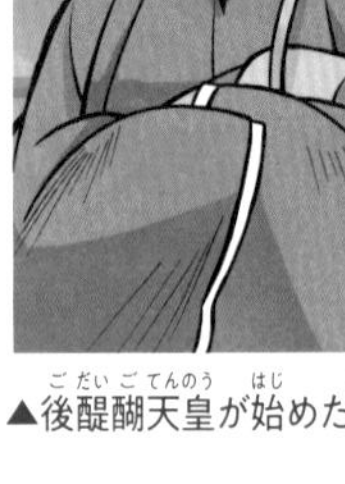

▲後醍醐天皇が始めた南朝

▲足利尊氏が支持した北朝

朝廷が2つ？どっちがえらいにゃ？大混乱にゃ…！

この混乱の数十年は**南北朝時代**とも呼ばれているにゃ。

室町幕府の成立

結局、2つの朝廷のうち足利尊氏側が**室町幕府**を開いたにゃ。

ここから始まる足利氏による幕府の時代を**室町時代**とよぶにゃ。

室町幕府はどこにできたにゃ？ 室町さん家？

室町さんて誰にゃ？ 室町幕府は**京都**にできたにゃ。

室町文化

ほかにも**能**や**水墨画**など、独自の文化が花開いたにゃ。

▲雪舟「秋冬山水図」

室町幕府のピンチ・応仁の乱

その後、足利義政の跡継ぎ争いをきっかけに、**「応仁の乱」**がはじまるにゃ。

争いは約11年も続いたにゃ。

11年って、小学1年生が高校生になっちゃうまでずっとにゃ!? 長すぎるにゃ！

そうにゃ。長すぎた応仁の乱で、室町幕府の力は弱まってしまい、天下統一をめざす戦国の世に突入していくことになるにゃ。

基本データ

政治力 ★★★　武力 ★★★

人望 ★★★

出身地：山城国（現在の京都府）

生没年：1288年～1339年（没年52才）

鎌倉幕府を倒して天皇中心の政治を行おうと、2度挙兵したが敗れて隠岐に追放される。その後、足利尊氏らと鎌倉幕府を倒し、建武の新政を始めるが2年半で失敗。足利尊氏に追われて吉野（奈良県）で南朝をたてた。

弥生
飛鳥
奈良
平安
鎌倉
室町
安土桃山
江戸
明治以降

ネコは「あきらめられないこと」ってあるにゃ？

ジュースのプールで泳ぐ夢は、あきらめてないにゃ！

ベタベタになりそうだけど…夢なら応援するにゃ。**後醍醐天皇は、幕府を倒して天皇中心の政治を取り戻すことをあきらめなかった人**にゃ。2度挙兵したけど失敗して隠岐に追放されたにゃ。

再起不能にゃ…。

後醍醐天皇はそれでもあきらめなかったにゃ。隠岐から逃げ出し、幕府に不満を持つ武士たちに**「再び幕府を倒そう」**と呼びかけたにゃ。

全然こりてないにゃ！

それに応えた**足利尊氏**や**新田義貞**の活躍で、**鎌倉幕府を倒すことができた**にゃ。

あきらめないって大事にゃ！

それから**建武の新政**を始めた後醍醐天皇だったけど、**皇族や貴族ばかりを大事にした政治**だったから、武士たちの不満は高まったにゃ。

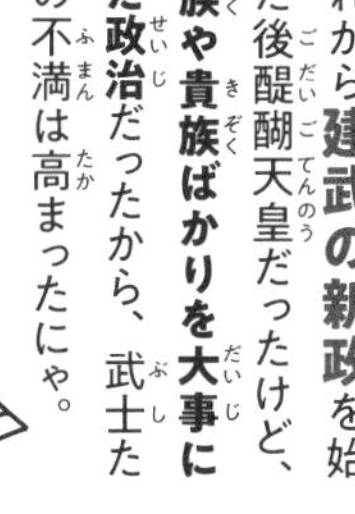

わずか2年半で、足利尊氏によって京都から追い出され、建武の新政は失敗したにゃ。

今度こそ再起不能にゃ…。

でも、まだあきらめなかったにゃ。

ハートが強いにゃ!!

後醍醐天皇は、**吉野（奈良県）に新しい朝廷をたてた**にゃ。

後醍醐天皇の朝廷を**南朝**といい、足利尊氏がついた朝廷を**北朝**といって、**2つの朝廷ができてしまった**にゃ。ここからのおよそ60年間は**南北朝時代**とも呼ばれているにゃ。

クイズ！

後醍醐天皇が始めた天皇中心の政治を何という？
□□の新政

【答え】建武（の新政）

NO.030
室町時代
楠木正成
後醍醐天皇に忠誠を誓った武将
ホントにゃ?
領地を奪う「悪党」だった!?
戦法を駆使して、幕府の大軍を苦しめた!
感動にゃ
最後まで後醍醐天皇に尽くした!
スゴイにゃ
「千早城の戦い」で幕府軍を苦しめた!
千早城での籠城はピカイチにゃ
基本データ
忠誠心 ★★★
武力 ★★★
知力 ★★★
出身地:不明
生没年:不明~1336年
後醍醐天皇の命令で鎌倉幕府と戦い、籠城やゲリラ戦法をつかって幕府軍に善戦し倒幕に貢献した。建武の新政の後、後醍醐天皇にそむいた足利尊氏と「湊川の戦い」で戦い、敗れた。

この人、「**悪党**」って書いてあるにゃ！　悪い人だったにゃ？

悪党っていうのは、鎌倉幕府に反発する武士集団のことにゃ。

幕府から見て、悪いヤツってことにゃ？　意外といい人だったりして？

貴族や寺の領地を襲ったり、まあまあ悪いことはしているにゃ。

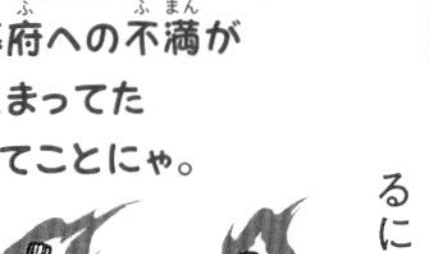

それだけ武士の中に幕府への不満がたまってたってことにゃ。

だから、正成は**後醍醐天皇**の呼びかけに応えて兵をあげ、鎌倉幕府を倒したにゃ。

幕府、意外と弱かったにゃ？

そんなことないにゃ！　ただ、正成の戦法が型破りですごかったにゃ。

型を破るものが時代を動かすにゃ。

千早城にたてこもって幕府の大軍をたった千人ほどの兵で相手したんだけど、城から弓を射るだけではなく、**丸太や岩を投げつけたり、熱湯や大便まで落としたりしたにゃ！**

結局、100日以上も戦って勝利したにゃ。

シンプルに嫌にゃ…。

同感にゃ。

後醍醐天皇が足利尊氏にそむかれたときも、正成は**最後まで後醍醐天皇に味方して戦った**にゃ。

やっぱり、そんなに悪い人じゃなさそうにゃ。

正成は「足利尊氏と協力した方がいい」と後醍醐天皇に言ったけど、聞き入れてはもらえなかったにゃ。結局、湊川の戦いで**足利尊氏に敗れ、一族とともに自害し**たにゃ。

武士の世界って、厳しいにゃ…。

クイズ！

楠木正成が忠誠を尽くした天皇はだれ？

①後白河法皇　②後鳥羽上皇　③後醍醐天皇

【答え】③後醍醐天皇

NO.031

室町時代

足利尊氏

室町幕府を開いた初代将軍

スゴイにゃ

鎌倉幕府にそむいて後醍醐天皇につく!

15代約240年にわたる室町幕府を開く!

スゴイにゃ

後醍醐天皇にそむいて室町幕府を開く!

気前のいいアニキにゃ!

基本データ

武力 ★★★　知力 ★★★

人望 ★★★

出身地：鎌倉

生没年：1305年~1358年(没年54才)

室町幕府の初代将軍。鎌倉幕府から後醍醐天皇を討つように命令されたが、後醍醐天皇に味方し六波羅探題を攻め落とした。鎌倉幕府が滅亡した後、後醍醐天皇の政治に不満を持ち吉野に追放。京都で室町幕府を開いた。

なんかいろんな人にそむいてる人にゃ。反抗期？

やみくもに反抗してるわけじゃないにゃ！ 理由があるにゃ。

尊氏もはじめは鎌倉幕府の御家人だったにゃ。でも、北条氏が権力を持つ幕府に不満を持っていたにゃ。

ほかにも鎌倉幕府を倒したい人、いた気がするにゃ。えーと…**コダイコ大王？**

陽気な大王現れちゃったにゃ。そうじゃなくて、**後醍醐天皇**にゃ。

鎌倉幕府から後醍醐天皇を討つよう命令された尊氏は、その命令にそむいて後醍醐天皇側についたにゃ。

命令にそむいて、むしろ鎌倉幕府の重要な役所を攻め落としたにゃ。

鎌倉幕府を裏切ったにゃ！ それで、将軍になったにゃ？

ううん、後醍醐天皇は尊氏の力をおそれ、征夷大将軍にはしなかったにゃ。

それを不満に思った尊氏は、**後醍醐天皇を京都から追放**したにゃ。

言うこと聞かなかったら困るもんにゃ…。

今度は、後醍醐天皇を裏切ったにゃ！ やっぱり言うこと聞かなかったにゃ！

そして、尊氏は**京都に新しい天皇を立て、征夷大将軍になると、室町幕府を開いたにゃ。**

尊氏は裏切り者にも見えるけど、手がらを立てた武士には気前よく褒美を与えたりして、人望は厚かったにゃ。

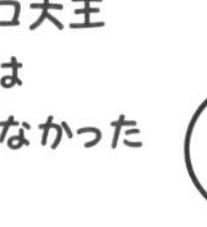

コダイコ大王のことは裏切らなかったにゃ？

うん、まあ、いないからにゃ、その大王。

クイズ！

足利尊氏が開いた幕府は何？

①鎌倉幕府 ②室町幕府
③江戸幕府

【答え】②室町幕府

NO.032
室町時代
南北朝を統一し金閣寺を建てた室町幕府3代将軍
足利義満
明(中国)から「日本国王」と認められた!
さすがにゃ
南北朝を統一した!
スゴイにゃ
豪華な金閣寺を建てた!
ビックリにゃ
明との貿易開始で大もうけ!
金ピカが大好きにゃ?
ってことは金ネコも
好きにゃ?
基本データ
政治力 ★★★ 武力 ★★☆
知力 ★★★
出身地:京(現在の京都府)
生没年:1358年~1408年(没年51才)
室町幕府3代将軍。勢力を広げてきた守護大名の土岐氏、山名氏、大内氏の力をおさえ、幕府の権力を強めていった。南北朝を統一し60年近く続いた戦乱を終わらせた。明(中国)との貿易を開始した。

金ピカの建物があるにゃ！

京都の金閣寺にゃ。これを建てたのが足利義満にゃ。

金閣寺（鹿苑寺）

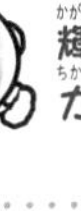

この金の輝きは、力の証にゃ！

義満ってそんなにお金持ちだったにゃ？

義満は室町幕府の**3代将軍**にゃ。すごく**政治の手腕のある人**で、**権力も資金も十分**だったにゃ。

呼んだにゃ？

腕力じゃなくて、政治の能力があるってことにゃ。

南北朝を統一したり、勢力を広げていた守護大名たちを倒したりして、室町幕府の権力を確かなものにしたにゃ。

さらに**明**（中国）との貿易を開始して、莫大な利益を得たにゃ。

「**勘合貿易**」と呼ばれたにゃ。

将軍にしておくのがもったいないくらいのデキる子にゃ！

将軍も十分エライ人だけどにゃ…実際、義満は最も位の高い**太政大臣**になり、**武士と貴族の上に立った**にゃ。

さらに、出家してお寺や神社の勢力もおさえたにゃ。

まるで王様にゃ！

明の皇帝から、義満は「**日本国王**」と認められていたにゃ。

実は、金閣寺のつくりにもそれが表れているにゃ。

1階が貴族の寝殿造
2階は武士の書院造
3階は寺社の仏殿風
になっているにゃ！

クイズ！

足利義満の建てた建物は？
①金閣寺 ②銀閣寺 ③銅閣寺

【答え】①金閣寺

室町時代

足利義政

応仁の乱を引き起こした室町幕府8代将軍

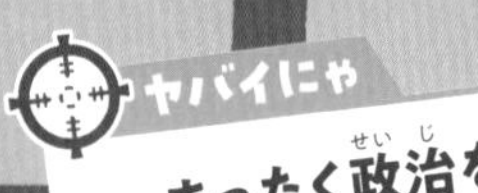

まったく政治をしなかった…。

銀閣寺にひきこもって趣味だけをしていたい…

ヤバイにゃ

応仁の乱のきっかけになった…。

東山文化に貢献した!

いぶし銀にゃ〜

基本データ

政治力 ★★★　人望 ★★★

文化貢献 ★★★

出身地：京（現在の京都府）

生没年：1436年〜1490年（没年55才）

室町幕府の8代将軍。義政の跡継ぎ争いをきっかけに応仁の乱が起こった。戦いの最中、義政はまったく政治をせず、趣味にのめりこんでいった。

足利義政は**14**才で室町幕府**8代将軍**になったにゃ。

14才!?中学生にゃ!

すごく若い将軍だったからまわりからたくさん口出しされて、義政はやる気を失ってしまったにゃ。

気持ちはわかるにゃ…。

早く政治から身を引きたかった義政は、弟の義視を次の将軍にすると約束したにゃ。でも、その後自分の子が生まれ、**後継ぎ争い**になったにゃ。

人生って思い通りにいかないにゃ…!

この争いが、有力大名たちを巻き込んで、約11年も続く**応仁の乱**を引き起こしたにゃ。

義政、ここはビシッと決めるにゃ!

人々が飢えや病気に苦しんでいるときも、都が焼け野原になってしまっても、義政は**何もせず、自分の趣味に明け暮れていた**にゃ。

義政は政治をしなかったけど、**茶道**、**華道**、**水墨画**、**書院造の建築**、**枯山水の庭など文化には貢献した**にゃ。

義政の建てた**銀閣寺**は、今の日本文化につながる**東山文化**の代表格にゃ。

銀閣寺(慈照寺)

義政の頃にはお金がなくて、銀ピカにできなかったにゃ。

落ち着いてて、むしろオシャレにゃ。結果オーライにゃ!

クイズ!

足利義政の跡継ぎ争いが引き起こした約11年にわたる争いは何?

□□の乱

【答え】応仁(の乱)

これ知ってたら、大人の仲間入りにゃ。

南北朝の統一

後醍醐天皇のころに、天皇が京都（北朝）と吉野（南朝）に2人いる状態になってしまったにゃ。足利義満は、話し合いで北朝と南朝をおよそ60年ぶりに統一したにゃ。

日明（勘合）貿易

足利義満がおこなった、明（当時の中国）との貿易のことにゃ。勘合という札を使ったため、勘合貿易とも呼ばれているにゃ。日本からは銅や硫黄などを輸出して、明からは銅銭や絹織物などを輸入していたにゃ。義満は、日明貿易で大きな富を得たと言われているにゃ。

明との貿易は大きな利益をもたらしたにゃ。

書院造

室町時代からみられるようになった住宅のつくりのことにゃ。たたみに障子やふすま、違い棚などが特徴で、現代の和室のつくりにもつながっているにゃ。慈照寺（銀閣）の東求堂は、書院造になっているにゃ。

読めば歴史がもっと見えてくるにゃ！ オタネコの極秘レポート！

OTANEKO GOKUHI REPORT

今回のテーマ

応仁の乱

息子・義尚派
山名氏

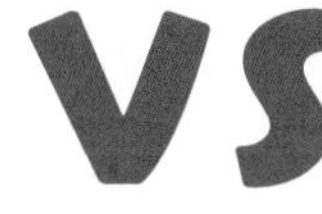

弟・義視派
細川氏

VS

義政の息子は当時まだ3歳だったにゃ。

ひきわけ…？

室町幕府の将軍・足利義政の、跡継ぎ争いからはじまった内乱にゃ。義政の弟・義視派に細川氏、義政の息子・義尚派に山名氏がついたことで、日本中の大名をまきこんで争いが広がり、決着がなかなかつかなかったにゃ。内乱は1467年から1477年の約11年にわたって続いたにゃ。

10年以上も争ってたら町がボロボロになっちゃいそうにゃ…。

応仁の乱によって、京都の町はボロボロになって幕府の力はすっかりおとろえてしまったにゃ。

基本データ

努力家	★★☆
行動力	★★★
芸術の才能	★★★

出身地：備中（現在の岡山県）

生没年：1420年～1506年（没年87才）

禅宗の僧になるための修行をしながら絵を学び、明（中国）へ渡って水墨画を学んだ。帰国後は美しい風景を求めて日本各地を旅しながら絵を描き、日本独自の水墨画を完成させた。

突然だけど、絵がうまくなりたいにゃ。絵の描き方、教えてほしいにゃ。

またずいぶん突然にゃ。教えられないけど、雪舟の絵をマネしてみたらどうにゃ？**日本が生んだ最大の画家**と呼ばれてる人にゃ。

雪舟「秋冬山水図」

雪舟の水墨画はいくつも国宝になってるにゃ。

すごく上手にゃ！　でもこれ、まだ下描きにゃ？　色がついてないにゃ。

これは水墨画にゃ。**墨の濃淡で自然や人物を描く**にゃ。

墨一色ですべてを表現する…すごい芸術にゃ！

雪舟は子どものとき、禅の修行をさぼって絵ばかり描いていたらしいにゃ。

和尚さんに怒られなかったにゃ？

ばっちり怒られたにゃ。それで**泣いた涙でネズミの絵を描いたんだけど、そのネズミがまるで生きているようだっ**たという逸話があるにゃ。

うますぎて怒れなくなるにゃ。

怒られても絵を描くことをやめないなんて、情熱がすごいにゃ。

その後、水墨画の本場・明（中国）で学び、日本に帰って旅をしながら絵の修業をしたにゃ。**30年以上かかって、独自の画法を完成させたにゃ。**

30年…雪舟レベルになるには先は長いにゃ。

まずは和尚さんに怒られるところから始めるにゃ。

だいぶ遠回りにゃ…。

クイズ！

雪舟が独自の画法を完成したものは何？

①水彩画　②水墨画　③油絵

【答え】②水墨画

NO.035

室町時代

世阿弥

芸術としての能を完成させた猿楽師

基本データ

才能 ★★★　運 ★★☆

人間関係 ★☆☆

出身地：伊賀国（現在の三重県）?

生没年：1363年?～1443年?（没年81才?）

猿楽という芸能を行う観阿弥の子。観阿弥・世阿弥の親子は各地で公演を行っていた。親子は室町幕府3代将軍の足利義満に保護され、猿楽を能楽として完成させた。能に関する本を書き残している。

ネコ、能って知ってるにゃ？

もちろんにゃ。こう見えて、NOと言えるタイプのネコにゃ！

それはかっこいいにゃ。でもちがうにゃ。能は、**能面というお面をつけて踊る芸能**のことにゃ。

あ〜、そっちにゃ。
「知らない」は言えないタイプにゃ？

もともと**猿楽**っていう、歌や踊りにものまねなどを合わせた芸能が平安時代から寺社の祭りのときに行われていたにゃ。

猿楽…猿が踊るにゃ？

踊らないにゃ。踊るのは人にゃ。その猿楽に工夫を加えて、**観阿弥・世阿弥の親子**が**室町時代に完成させたのが能**にゃ。

ぐっと洗練されたにゃ。

能を完成してからも、世阿弥が書いた能の理論書『**風姿花伝**』や秘伝書『**花鏡**』が芸能を発展させたにゃ。

「初心忘るべからず」ということわざは『花鏡』に登場する世阿弥の言葉にゃ。

それ、知ってるにゃ！ウソみたいな大活躍・親子にゃ！

観阿弥・世阿弥の親子は、3代将軍の足利義満にとても気に入られて、保護されてたにゃ。

将軍が味方なら怖いものなしにゃ！

でも、義満が亡くなると、立場が悪くなっていき、6代将軍義教のときには佐渡へ追放されてしまったにゃ。

頂点からの、追放…人気商売って、大変にゃ…。

クイズ！

世阿弥が完成させた芸能は何？

①猿楽 ②能楽 ③狂言

【答え】②能楽

No.036

室町時代

ザビエル

日本に初めてキリスト教を伝えた宣教師

スゴイにゃ

イエズス会をつくる!

神を信じる者は、みな救われる!

おどろきにゃ

日本でキリスト教信者を増やした!

さすがにゃ

宣教師としてアジアで布教活動!

オッケー、救ってやるにゃ!

基本データ

信仰心 ★★★　行動力 ★★★

知力 ★★★

出身地：スペイン

生没年：1506年？～1552年（没年47才？）

キリスト教のカトリックの教えを広めるため、アジアで布教活動を行った。日本でも九州や中国地方の大名に保護され、西日本を中心に信者を増やすことに成功した。中国へ布教に向かう途中で無念の病死。

日本人っぽくない名前の人にゃ。

それは日本人じゃなくて、**スペインの人**だからにゃ。室町時代の終わり頃に、**日本に初めてキリスト教を伝えた**のがザビエルにゃ。

キリスト教って、外国から伝わったにゃ？ じゃあ、その前は、クリスマスはどうしてたにゃ？

その前は、日本にクリスマスはなかったにゃ。

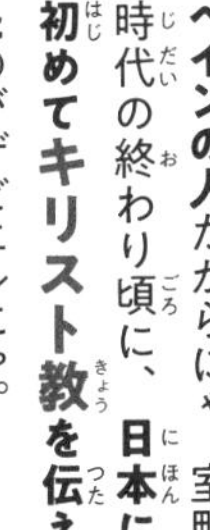

ザビエルはカトリック修道会、**「イエズス会」**をつくった1人で、キリスト教の教えをアジアに広める活動をしていたにゃ。

でも、いきなり来て「クリスマスやるよ」って言われたら、日本の人びっくりするにゃ。

クリスマスをするだけがキリスト教じゃないにゃ…。

ザビエルが鹿児島に着いたとき、外国と貿易をしたかった大名の島津貴久は、キリスト教を広めることを許したにゃ。

でも、仏教勢力の反対にあって、**結局キリスト教を広めることは禁止されたにゃ**。

新しいものってすぐには受け入れられないものにゃ。

そこで、ザビエルは日本で一番えらい人に許可をもらおうと思ったにゃ。

…おまわりさんとかにゃ？

天皇にゃ。でも、当時の天皇の力は弱まっていて…。

許可をもらう意味なさそうにゃ。

結局、山口の大名・大内義隆や、大分の大名・大友宗麟に許可をもらって、**地道に信者を増やしていった**にゃ。

クイズ！

ザビエルが仲間と作ったカトリックの組織を何という？

□□□□会

【答え】イエズス(会)

NO.037

室町時代

武田信玄

戦国最強といわれた騎馬軍団を率いた、戦国大名

スゴイにゃ
領土内の政治に力を尽くす!

「人は城、人は石垣、人は堀。情けは味方、あだは敵なり」

無念にゃ
天下取りまであとわずかで、病死…。

さすがにゃ
川中島の戦いで上杉謙信と名勝負!

風林火山…!

基本データ

人望 ★★★　武力 ★★★
知力 ★★★
出身地：甲斐(現在の山梨県)
生没年：1521年~1573年(没年53才)

「甲州法度之次第」という法律を定めたり、「信玄堤」をつくって洪水を防いだり、領地内の政治に力を尽くした。上杉謙信との川中島の戦いでは勝負がつかないまま、天下を取るため京都を目指したが、途中で病死した。

武田信玄は、「**甲斐の虎**」と呼ばれていた戦国大名にゃ。

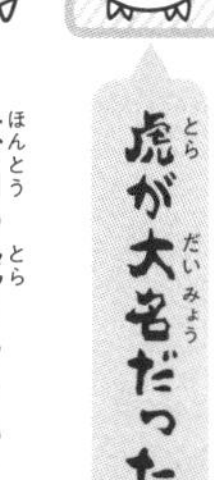

虎が大名だったにゃ!?

本当の虎じゃないにゃ。あまりの強さを虎にたとえたにゃ。甲斐国を治めていて、**戦国最強といわれた騎馬軍団**を率いたにゃ。

虎が、馬に乗ってたにゃ!?

虎はいったん忘れてほしいにゃ。

はやきこと風のごとく
しずかなること林のごとく
侵掠すること火のごとく
動かざること山のごとし

「風林火山」とは信玄の戦い方を示した言葉にゃ。

領土を広げるため、隣の信濃国を攻めていったにゃ。

こわ…虎が殿様じゃ、甲斐国の人は大変にゃ…。

本当の虎じゃないし、信玄は甲斐国の人々を大切にしていたにゃ。**法律**を整備したり、洪水がおきないように**堤防**をつくったりしたにゃ。

▼信玄堤

戦ばかりしてるのかと思ったけどちがうみたいにゃ!

信玄は、立派な城よりも**人が大切**だと考えて民や家臣を大事にしたにゃ。

強くて優しいなんて、かっこよすぎにゃ! 敵なしにゃ!

敵なら、信玄にはすごいライバルがいたにゃ。**川中島の戦い**で越後(新潟県)の大名・**上杉謙信**と、5度にわたって戦ったけど、決着はつかなかったにゃ。

宿敵って感じにゃ。なんかそれもかっこいいにゃ…!

天下をめざした信玄だったけれど、京へ攻め上る途中で、**病気にかかり息を引き取った**にゃ。

健康って大事にゃ…。

クイズ!

武田信玄の戦い方を表す言葉は?

□林□山

【答え】風(林)火(山)

NO.038

室町時代

上杉謙信

敵の武田信玄に塩を送った戦国武将

基本データ

人望 ★★★　武力 ★★★

知力 ★★★

出身地：越後（現在の新潟県）

生没年：1530年～1578年（没年49才）

上杉憲政を助けて北条氏と戦い、上杉姓と関東管領職をゆずられる。武田信玄に攻められ逃げてきた小笠原氏と村上氏を助け、川中島の戦いで戦った。越中（富山県）を支配し、織田信長を破るが、翌年に病死した。

「甲斐の虎」武田信玄の最大のライバルが、越後の上杉謙信にゃ。

虎のライバル…ライオンにゃ？

あだ名は「**越後の龍**」にゃ。戦の天才で、軍神・毘沙門天の化身とまで呼ばれたにゃ。

虎とは…戦いたくないにゃ。

バトルしたら一瞬で負けそうにゃ…可能な限り距離を置きたいにゃ。

そんなに怖がらなくても、謙信は自分の欲のためじゃなく、**困っている人を助けるために戦う「義」の人だった**にゃ。

ぎ？　木？　木のひと？　木下さん？

「義」は、正しいことをするという意味にゃ。たとえば、**武田信玄**に攻めこまれて逃げてきた小笠原氏と村上氏を助けるために、謙信は**川中島**で信玄と戦ったにゃ。

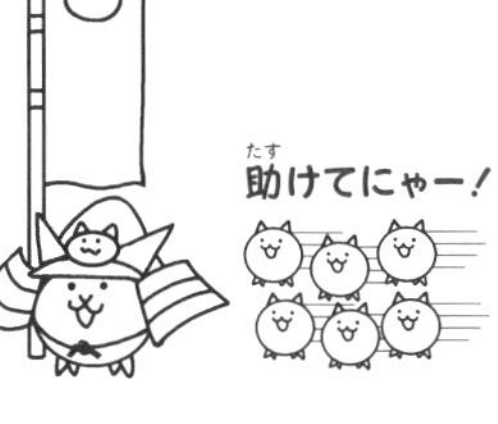

任せるにゃ！
助けてにゃー！

頼れるアニキにゃ…！

そんなライバルの信玄に、塩を送ったことでも有名にゃ。

塩？　プレゼントにしてはしょっぱいにゃ。

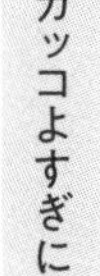

武田信玄が今川氏と戦ったときに、塩の輸送を止められたにゃ。信玄の甲斐国では塩がとれないから甲斐の人たちは苦しんだにゃ。それを知った謙信は「**戦は戦場で行うべき**」と、**甲斐に塩を送って信玄を助けた**にゃ。

カッコよすぎにゃ…！

この話をもとに、「**敵に塩を送る**」ということわざができたらしいにゃ（諸説あるけどにゃ）。

クイズ！

上杉謙信と武田信玄の5回にわたった戦いを何という？

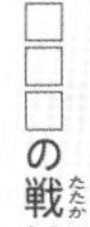

□□□の戦い

【答え】川中島（の戦い）

まとめクイズ！ MATOME QUIZ

まとめQ1

室町時代の歴史人物とキーワードを書いたかるたのペアを、
うっかりばらばらにしてしまったにゃ！
1～5のかるたをペアにもどすにゃ！

1

2

3

4

5

全問正解したら完全勝利にゃ！　全部まちがえたら…
何度でも84ページから出直してくればいいにゃ！

まとめQ2

室町時代の歴史の年表を完成させたいにゃ!
［　　］に当てはまる名前を入れるにゃ。

時代	年	人物とできごと
室町	1334	後醍醐天皇が建武の新政を始める。
	1338	1［　　］が征夷大将軍に任命される。
	1392	南朝と北朝が統一する。
	1397	2［　　］が金閣を建てる。
	1404	明（中国）との貿易（勘合貿易）が始まる。
	1467	応仁の乱が起きる。
	1489	3［　　］が銀閣を建てる。
	1549	4［　　］がキリスト教を伝える。
	1553	武田信玄と5［　　］が川中島で戦う。
	1573	室町幕府がほろびる。

答え Q1 1後醍醐天皇　2楠木正成　3雪舟　4世阿弥　5武田信玄
Q2 1足利尊氏　2足利義満　3足利義政　4ザビエル　5上杉謙信

次は安土桃山時代にゃ!

天下統一するのはだれだ？

安土桃山時代【1573年～1598年】

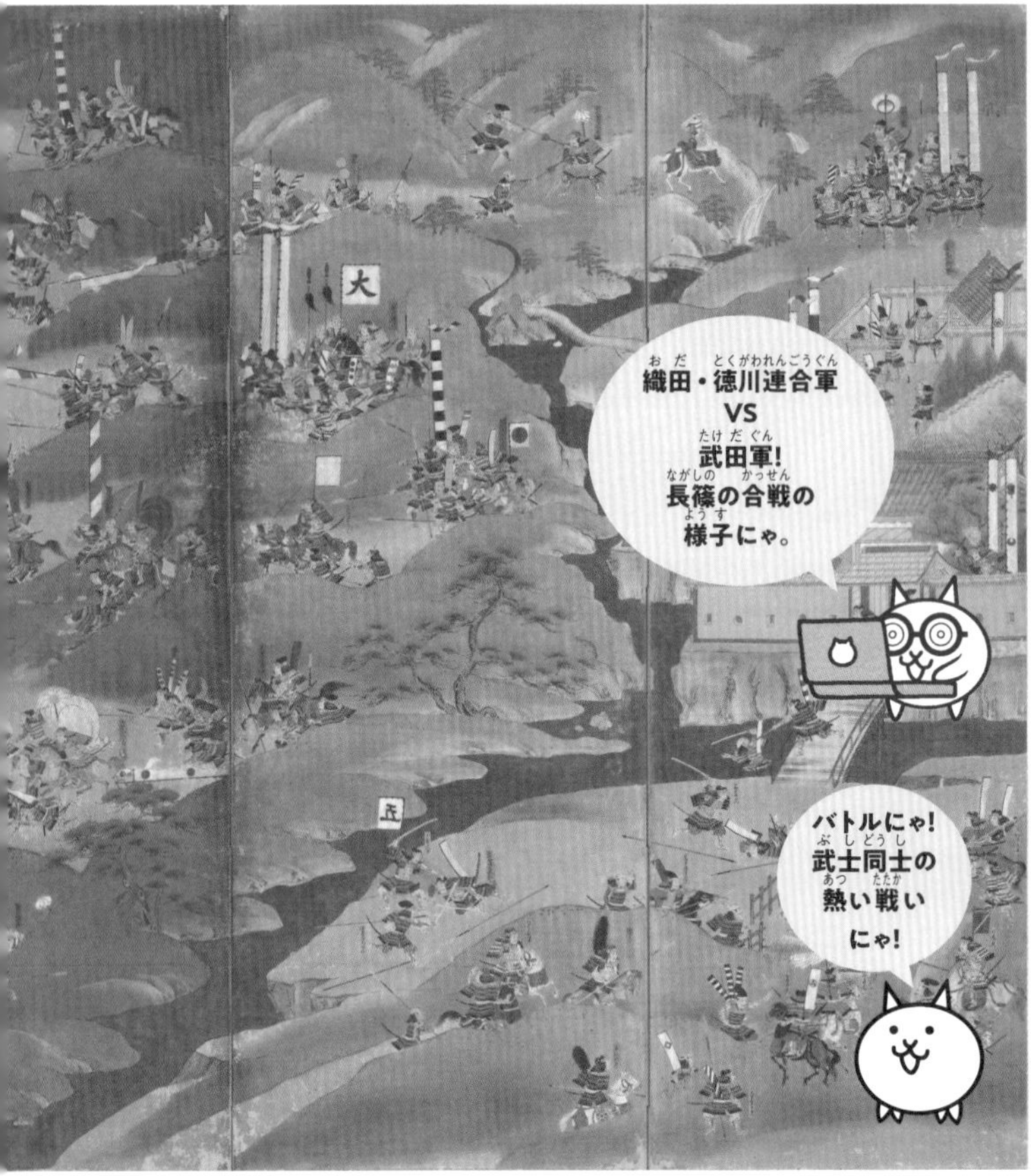

織田・徳川連合軍 VS 武田軍！ 長篠の合戦の様子にゃ。

バトルにゃ！ 武士同士の熱い戦いにゃ！

戦乱の世

室町幕府の力が弱まると、戦国大名とよばれる武士たちが各地で勢力争いをはじめたにゃ。応仁の乱から数えると、戦乱の世は、およそ100年続いたにゃ。

100年も!!

織田信長の活躍

この時代に特に活躍したのは、**織田信長**にゃ！

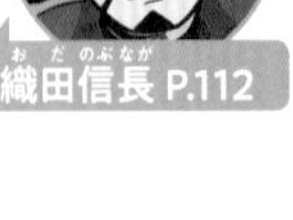

織田信長 P.112

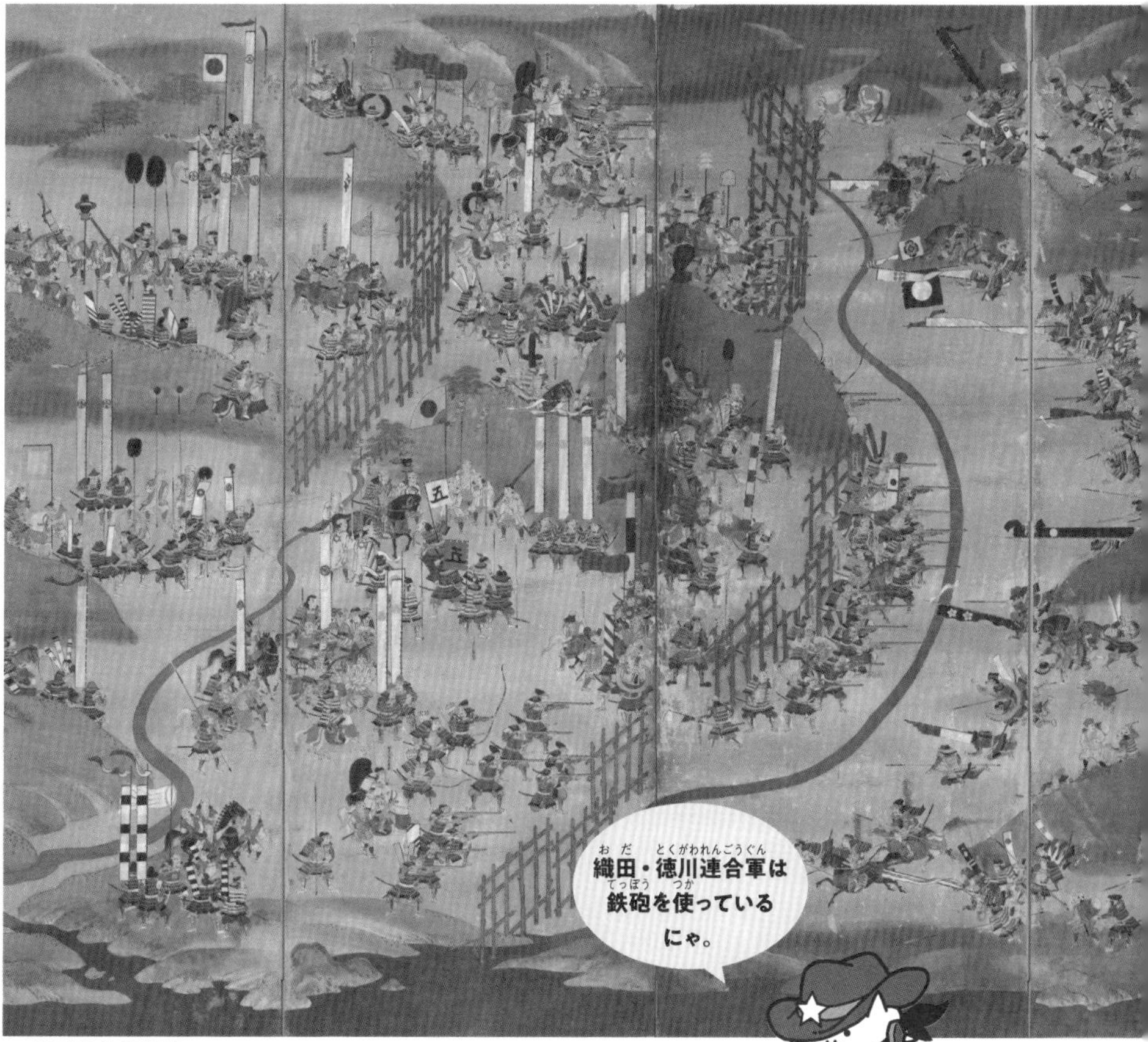

織田・徳川連合軍は鉄砲を使っているにゃ。

▲「長篠合戦図」

長篠の戦いでも、海外から入ってきた**鉄砲**を使って敵に勝利した強者にゃ。

豊臣秀吉の活躍

信長が天下統一まであと少しのところで亡くなると、後継者として**豊臣秀吉**が天下統一を果たしたにゃ！

ついに！完全勝利にゃ！

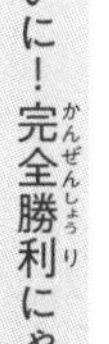

この秀吉と信長が活躍した時代を**安土桃山時代**というにゃ。

信長が城をつくった安土と、秀吉が屋敷を建てた桃山にちなんでるにゃ。

NO.039

安土桃山時代

織田信長

天下統一まで一歩及ばなかった戦国武将

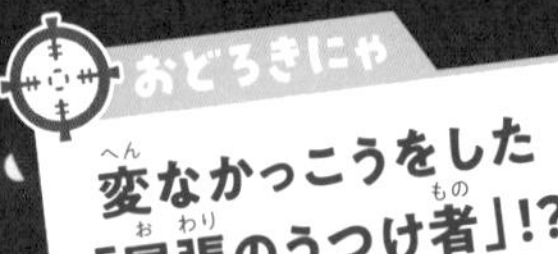

常識にとらわれず、
新しい戦い方で勝負！

惜しいにゃ
家臣の謀反で、
天下統一をのがす…。

スゴイにゃ
わずか3千の兵で、
今川の大軍に勝利!!

ワシの魂は
永遠じゃ！

基本データ

攻撃力 ★★★　リーダーシップ ★★★

忍耐力 ★★★

出身地：尾張（現在の愛知県）

生没年：1534年～1582年（没年49才）

尾張国の戦国大名。桶狭間の戦いで駿河の今川義元を破り、長篠の戦いでは鉄砲を使った戦術で武田軍を破る。天下統一まであと一歩のところで、家臣の明智光秀に裏切られ生涯を終えた。

この人知ってるにゃ！ ホトトギスを殺しちゃう人にゃ。

そうそう、織田信長は性格をたとえて「鳴かぬなら **殺してしまえ ほととぎす**」と詠われたくらい過激なタイプだったにゃ。

敵の生首を並べて酒盛りをしたり…。

若いころはファッションも過激だったにゃ。

だいぶ攻めてるにゃ！

過激だから有名人にゃ？

もちろんそれだけじゃないにゃ！ 新しい戦法や政策をどんどん使うキレ者で、**桶狭間の戦い**では、たった3千人の兵で2万5千もの**今川の大軍に勝利した**にゃ！

さらに、**長篠の戦い**で戦国最強とよばれた**武田軍を破った**にゃ。

魔法でも使ったにゃ？

使ったのは**鉄砲**にゃ。当時、めちゃくちゃ新しい武器だったにゃ。

すご…まぎれもなく天下取るタイプにゃ。

でもそんな信長も、**天下統一まであと一歩**というところで、**家臣の明智光秀の裏切りにより、本能寺でその一生を閉じた**にゃ。

無念にゃ…！

知ってたら

大人の仲間入りにゃ！

楽市・楽座

信長が城下町で義務付けたルールにゃ。一部の商人の特権や税を禁止して、だれでも商売が自由にできるようにしたにゃ。これによって商業や工業がさかんになったにゃ。

クイズ！

信長が今川の大軍に勝った戦の名前は？

□□□の戦い

【答え】桶狭間（の戦い）

NO.040

安土桃山時代

今川義元

東海地方を支配するも、信長に敗れた戦国大名

「海道一の弓取り」と呼ばれた東海道一の武将

基本データ

政治力 ★★★　武力 ★★★

知力 ★★★

出身地：駿河（現在の静岡県）

生没年：1519年～1560年（没年42才）

室町幕府を開いた足利氏の一族で、駿河・遠江の戦国大名。「今川仮名目録」という法律を制定した。勢力をのばし尾張国に進出したが、織田信長に桶狭間の戦いで討ち取られた。

今川義元は信長と**桶狭間の戦い**で戦った武将で…

すっごい負けた人にゃ！

そうにゃ。**大軍を率いていた今川義元は、わずか3千の織田軍に奇襲を受けて、あっさりやられてしまった**にゃ。

よわよわにゃ…。

そんなことないにゃ！　桶狭間の戦いのせいで、義元はダメな武将だと誤解されがちだけど、ほかの戦国大名の手本になる、あるものを整えたすごい武将にゃ！

お手本？　ほかの大名がマネしたってことにゃ？

そうにゃ。**「今川仮名目録」**という**法律を整えた**にゃ。

法律！　難しそうにゃ！

ほかにも、隣国の3国で**戦をしないように同盟を結んだ**り、外交力も優れていたにゃ。

頭脳派の大名にゃ…！

吾輩といっしょにゃ！
うん？
う〜ん、うん。

戦でも、弱かったわけじゃないにゃ。**「海道一の弓取り」**と呼ばれるほどの武将だったにゃ。

全然よわよわじゃないにゃ。誤解してごめんにゃ。

桶狭間は相手が悪かったにゃ。

でも、それならもっといかにも強そうな格好しててほしいにゃ。**全身とげとげ**とか…。

脚がムキムキとか？
それはそれで武将っぽくはないにゃ。

義元は**公家風**の生活を好んだそうにゃ。だから服装も公家風で、お歯黒や白塗りの化粧をしていたらしいにゃ。

▼お歯黒

オシャレ男子にゃ！

クイズ！

今川義元が整えた法律はなんという？

□□□□目録

【答え】今川仮名(目録)

NO.041

安土桃山時代

明智光秀

本能寺の変で織田信長を裏切った武将

スゴイにゃ
織田信長の天下取りを支える!

秀吉に敗れ「三日天下」に終わる…

惜しいにゃ
わずか十数日の天下人…。

ナゼにゃ
主君・織田信長を本能寺で倒す!

基本データ

知力 ★★★　武力 ★★★
忍耐力 ★★☆

出身地:美濃(現在の岐阜県)
生没年:1528年?~1582年(没年55才?)

越前国の朝倉氏に仕えたのちに織田信長に仕えた。信長に高く評価され丹波国の大名になったが、突然信長を裏切り本能寺の変で倒した。その後すぐに、豊臣秀吉に山崎の戦いで敗れた。

本能寺の変を起こして、**織田信長を倒した家臣**が、明智光秀にゃ！

お～、**「ザ・裏切り者」**って感じにゃ…。どうして裏切ったにゃ？

実は、はっきりとはわかっていなくて、**日本史最大のミステリー**のひとつにゃ。ただ、相手は気性の荒い信長だから、思い当たることがたくさんあるにゃ。

そうにゃ、ホトトギス殺しちゃうタイプの人だったにゃ。

ひとつは、**信長が天下を取るために非道な行いをするのを止めようとした説**にゃ。

ありそうな話にゃ！

それから、**信長への恨みによる説**にゃ。光秀は信長の無茶な命令にふりまわされたり、嫌なあだ名をつけられたりしていたにゃ。

戦国時代にも上司の嫌がらせがあったにゃ…。

ほかにも、光秀が朝廷とつながりがあったことから、**朝廷が黒幕ではないかという説**もあるにゃ。

どれもありそうにゃ！

結局、本能寺の変が起きた本当の理由は、**明智光秀本人にしかわからない**にゃ。

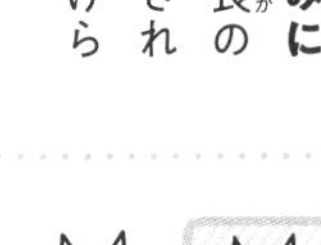

タイムマシーンがあれば聞きに行けるにゃ。

信長を倒して、光秀が天下を取ったにゃ？

かなりいい線までいったにゃ。**ただし、十数日だけ**にゃ。

短すぎにゃ!!

信長の家臣の**豊臣秀吉**がすぐに敵討ちに来て、**山崎の戦い**で倒されてしまうにゃ。このわずか**十数日の光秀の天下**のことを**「三日天下」**というにゃ。

ドラマよりドラマみたいな十数日にゃ…！

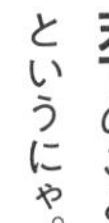
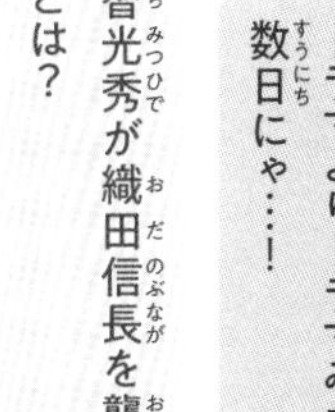
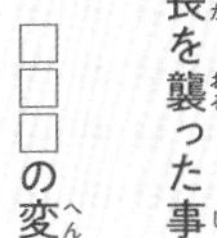
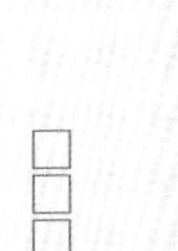

クイズ！

明智光秀が織田信長を襲った事件とは？

□□□の変

【答え】本能寺（の変）

基本データ

知力 ★★★　社交性 ★★★

忍耐力 ★★☆

出身地：尾張(現在の愛知県)

生没年：1537年~1598年(没年62才)

農民の家に生まれ、織田信長に仕えた。持ち前の機転で信長に気に入られ、明智光秀を倒し信長のかたきをとって天下統一を成し遂げた。検地や刀狩を行い太政大臣に出世するが、朝鮮出兵には失敗。

強者ぞろいの戦国大名の中で、**天下統一を成し遂げた**のは豊臣秀吉にゃ。

おお〜！ とうとう一番が決まったにゃ！

それも、秀吉は農民の生まれだったから、**とんでもない出世**にゃ！

バイトから社長になるくらいの大出世にゃ！

どうやってそんなに出世したにゃ？ マネしたいにゃ。

機転と社交力のたまものにゃ。**織田信長**の草履をふところに入れて温めたというエピソードは有名にゃ。

信長から「**はげねずみ**」と呼ばれて気に入られていたにゃ。

信長…あだ名のセンスはいただけないにゃ…。

でも、一番の出世チャンスがきたのは、**本能寺の変**にゃ。だれより早く駆けつけて光秀を討ち、地位を確かにしたにゃ。

大坂城を建て、のちに**太政大臣**になったにゃ。

一番上まで上り詰めたにゃー！ 天下統一にゃ！

さらに秀吉は「**検地**」と「**刀狩**」をしたにゃ。

ケンジともみじ狩り？

急に知らない人と出かけないにゃ。「**検地**」は**田畑の面積や収穫高を調べて、農民に年貢を納めさせる政策**にゃ。

「**刀狩**」は**農民が反乱を起こしたりしないように刀や鉄砲をとり上げた政策**にゃ。秀吉の政策で、武士と農民の区別がはっきりしていったにゃ！

クイズ！

豊臣秀吉が行った政策は？ 答えは2つ。

①検地 ②いちご狩り ③刀狩

【答え】①検地 ③刀狩

No.043
安土桃山時代
徳川家康
乱世を終わらせた江戸幕府の初代将軍
スゴイにゃ
関ヶ原の戦いに勝ち、
江戸幕府を開く!
忍耐強く待ち、
天下取りのチャンスをつかむ!
おどろきにゃ
長生きした
健康オタク!
さすがにゃ
大名を厳しく取り締まる
政策を打ち立てた!
とれるまで
待とう、天下統一!
基本データ
政治力 ★★★ 忍耐力 ★★★
武力 ★★☆
出身地：三河（現在の愛知県）
生没年：1542年～1616年（没年75才）
江戸幕府の初代将軍。織田信長に仕えたのち豊臣秀吉を助け、天下統一に協力した。秀吉が死ぬと政治の実権をにぎり、石田三成と対立。関ヶ原の戦いで勝利し、江戸幕府を開いた。

この紋所が目に入らぬにゃ！

▼葵紋

な、なんにゃ⁉ 急に時代劇ごっこにゃ⁉

そう、時代劇によく登場するこの家紋は、**徳川家の家紋**にゃ。**江戸幕府を開いた初代将軍が徳川家康**にゃ。

豊臣秀吉を倒して将軍になったにゃ？

いや、秀吉が亡くなるまで待ったのが家康にゃ。

ホトトギス、鳴くまで待つ派の家康にゃ。

小さな大名の子として生まれた家康だけど、成長すると有能な武将として力を発揮したにゃ。

秘められた力を解放するにゃ…！

織田信長と同盟を組み、信長の死後は秀吉を助けながら勢力を広げ、じっくりとチャンスを待ったにゃ。

秀吉の死後、天下分け目の**関ヶ原の戦い**で**石田三成**を倒したことで、戦乱の世が終わったにゃ。そこから**江戸幕府の時代が約260年**続くにゃ。

約260年！ 家康ってずいぶん長生きにゃ。

ずっと家康が将軍だったわけじゃないにゃ！ それどころか、家康は江戸幕府を開くと、**わずか2年で将軍の座を子の秀忠にゆずった**にゃ。

ええ？ ずっと待ったのに、たった2年でやめちゃったにゃ？

その後も**武家諸法度**という法律を定めたりして、幕府の力を盤石にしたにゃ。

代々、徳川家が実権を引き継ぐことを示したにゃ！

クイズ！

徳川家康と関ヶ原の戦いで戦ったのは？

①豊臣秀吉 ②石田三成

【答え】②石田三成

これ知ってたら、大人の仲間入りにゃ。

親藩・譜代・外様

家康が定めた、全国の大名の分け方にゃ。**徳川家の親戚が「親藩」。昔からの徳川家の家来が「譜代」。関ヶ原の戦いの後に徳川家に従った大名が「外様」にゃ。**親藩は江戸の近くに置き、外様は江戸から離れた領地に引っ越しをさせて支配体制をかためたにゃ。

武家諸法度

江戸幕府が大名を取りしまるために出した決まりにゃ。自由に結婚することを禁止したり、新しくお城を建てることを禁止するなど、様々な決まりがあったにゃ。違反した大名は厳しく罰せられたにゃ。

いろんなルールを
守るのにも
ひと苦労にゃ…。

大坂冬の陣・夏の陣

関ヶ原の戦いのあと、徳川家康が豊臣家をほろぼした戦いにゃ。1614年の大坂冬の陣では真田幸村の活躍もあって、いったん仲直りをしたにゃ。でも翌1615年、大坂夏の陣で再び対立。豊臣秀頼と母・淀君が大坂城で自害して、豊臣家はほろんだにゃ。

家康は、豊臣家が江戸幕府にとって
危険な存在だと考えていたにゃ。

読めば歴史がもっと見えてくるにゃ！　オタネコの極秘レポート！

OTANEKO GOKUHI REPORT

今回のテーマ

関ヶ原の戦い

1600年、秀吉の家臣だった石田三成ひきいる西軍と、
徳川家康ひきいる東軍との間で起きた「天下分け目の戦い」にゃ。
最終的に、西軍の小早川秀秋の裏切りにより、
徳川家康の東軍が勝利をおさめたにゃ。

小早川秀秋は…どうして三成を裏切ったにゃ？

小早川は、西軍につくか、東軍につくか、
ずっと迷っていて決められなかったらしいにゃ。

優柔不断なタイプにゃ？

いろんな説があるみたいだけれど、家康に恩があった小早川は、
ぎりぎりで寝返って西軍を攻撃しはじめたらしいにゃ。

No.044

安土桃山時代

伊達政宗

東北を治めためっぽう強い伊達者

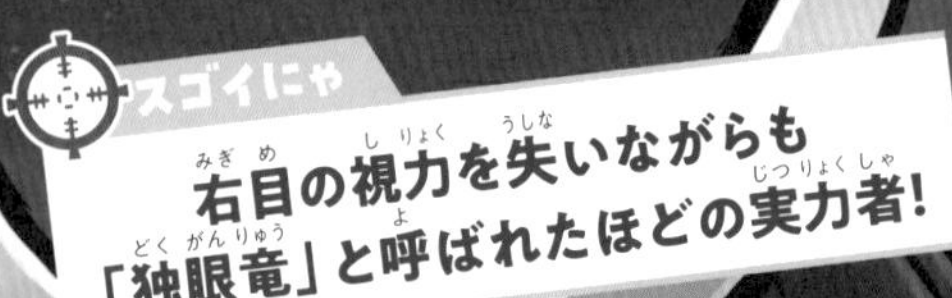

オシャレにゃ
派手でオシャレな「伊達者」!

戦国一のオシャレさん!!

基本データ

武力 ★★★　運 ★☆☆

派手さ ★★★

出身地：出羽（現在の山形県）

生没年：1567年～1636年（没年70才）

東北地方を治めた戦国大名。豊臣秀吉の天下統一に従い、秀吉の死後は徳川家康側について関ヶ原の戦いを戦った。その後、仙台に拠点を移して仙台藩の基礎を築いた。

戦国時代一のオシャレといえばこの人、伊達政宗にゃ！

ほんとにゃ。目になんかオシャレなものつけてるにゃ。

眼帯は、子どものころ病気で右目の視力を失ったせいでつけていたらしいにゃ。

それでもすごく強かったから、「独眼竜」と呼ばれてたにゃ。

甲冑や着物も派手なものが好きで、京都を出発するとき、**家臣たちにも金ピカの武装をさせた**にゃ。

交ざってもバレなそうにゃ！
さすがにバレると思うにゃ。

▶伊達政宗の大名行列

その姿に驚いて人々が**「伊達者」**と呼んだのが始まりで、**派手でオシャレな人のことを「伊達者」**というようになったにゃ。

じゃあ、伊達政宗はオシャレだから歴史に残ったにゃ？

ちがうにゃ！めちゃくちゃ強い武将で、強敵を次々に倒し、**東北地方を統一**したにゃ。

オシャレで強い…モテそうな人にゃ…。

性格も大胆なところがあったみたいにゃ。

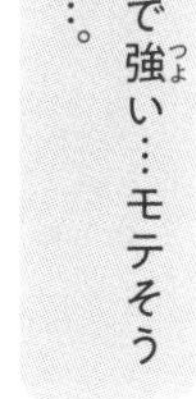

豊臣秀吉が政宗を呼びつけたとき、政宗は秀吉のところへすぐには駆けつけず、遅れて到着したにゃ。

ちこくちこく〜にゃ。
殺されてもおかしくない状況にゃ。もっと焦ってにゃ。

こ、殺されちゃったにゃ？

ううん、政宗が、**死ぬときに着る白い死に装束で現れたから**、秀吉はその度胸に免じて許したそうにゃ。

謝り方まで派手な人にゃ。

秀吉の死後、**関ケ原の戦いで徳川家康の味方をして、仙台藩の藩主となった**にゃ。

クイズ！

伊達政宗が関ケ原の戦いの後に移した拠点はどこ？

①仙台　②福島　③新潟

【答え】①仙台

NO.045

安土桃山時代

石田三成

最後まで豊臣家に尽くした武将

基本データ

知力 ★★★　武力 ★★★

忠誠心 ★★★

出身地：近江（現在の滋賀県）

生没年：1560年〜1600年（没年41才）

豊臣秀吉に作戦能力や情報収集力を認められた。戦いよりも物資の準備や交渉などの後方支援を得意とした。秀吉の死後は徳川家康と対立し、関ヶ原の戦いでは豊臣家を守るため西軍を率いたが、敗れた。

石田三成は、**豊臣秀吉**を支えた武将にゃ。

この人も強かったにゃ？

戦で戦うのは得意ではなかったけれど、**情報を集めたり作戦を立てたりする能力**に優れていたにゃ。

「情報を制するものが戦いを制す」にゃ。

情報って、敵のニガテな食べ物とかにゃ？

それは知ってても戦に役立てづらいにゃ…。敵兵の数や地形、気候とか、**戦略に使える情報を三成がたくさん集めたおかげで、秀吉は戦いに勝利した**にゃ。

影のブレーンって感じでかっこいいにゃ。

でも、三成はほかの武将からは**あんまり人気がなかった**にゃ。

あ～わかる気がするにゃ…。バーンと戦ってドーンと勝つ人のほうが、人気が出そうにゃ。

本当は、戦は戦うばかりじゃなくて、**何万もの兵士の食料や武器を用意して戦場まで運ぶのも大変で大切**にゃ。三成は、それを**正確に素早く行えるデキる人**だったにゃ。

腕力だけが強さじゃないにゃ。

ネコマッチョに言われると説得力ないにゃ…。

秀吉の死んだあと、豊臣家を守ろうとする石田三成の**西軍**と、徳川家康の**東軍**が**関ヶ原の戦い**で戦ったにゃ。

嫌な予感がするにゃ。人気のない影のブレーン…。

ネコの予感、的中にゃ。西軍の小早川秀秋が裏切ると、**次々に三成を裏切る武将が現れ、三成は敗れた**にゃ。

不人気が敗因…！　切ないにゃ…！

クイズ！

石田三成が関ヶ原の戦いで戦った東軍のリーダーは？

①織田信長　②豊臣秀吉　③徳川家康

【答え】③徳川家康

NO.046

安土桃山時代

真田幸村

敵の徳川軍から「日本一の兵」とたたえられた武将

基本データ

武力 ★★★　知力 ★★★

忠誠心 ★★★

出身地：信濃(現在の長野県)

生没年：1567年～1615年(没年49才)

父が豊臣秀吉の家臣だったため、青年時代は大坂城で過ごした。関ヶ原の戦いでは西軍として戦ったが、敗れて流罪となった。徳川家康が豊臣秀頼を攻めることを知り、駆けつけて戦ったが戦死した。

真田幸村は、まさに**バーンと戦ってドーンと勝つ最強の武将**にゃ。「日本一の兵」と呼ばれるほどだったにゃ。

待ってました、にゃ！すごいバトルの話、カモンにゃ！

幸村は**関ヶ原の戦い**で豊臣家側、西軍に味方したんだけど、東軍の家康をあと一歩のところまで追いつめたにゃ。

1人で戦ったにゃ？

いや、さすがに1人は無理にゃ。

家康が豊臣家を滅ぼそうとした**「大坂冬の陣」**では、大坂城の南側に**「真田丸」**という出城をつくったにゃ。

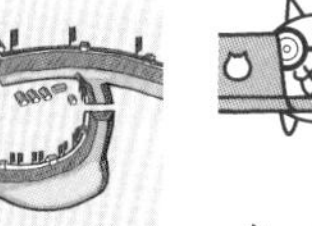

そこからの猛攻撃で徳川軍を壊滅させたにゃ。

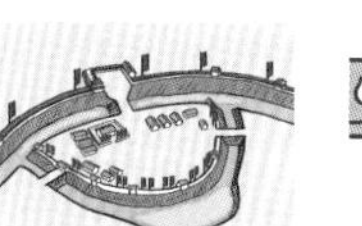

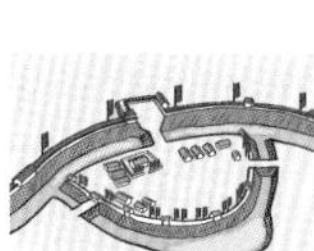

深さ約8メートルの空堀があって、徳川軍をこの堀に誘いこんで一網打尽にしたにゃ。

「大坂夏の陣」でも突撃を繰り返して、**家康が何回も自害を覚悟するくらい追いつめた**にゃ。

敵にしたくないタイプにゃ。家康に生まれなくてよかったにゃ…！

家康も、幸村を味方にしようとして、「信濃国をあげるから味方になるように」と誘ったにゃ。

さすが家康！いいアイデアにゃ！

でも、幸村はその誘いには決して応じなかったにゃ。**義を大事にし、豊臣家に忠誠を誓っていた**からにゃ。

武士ってそういうとこあるにゃ…。

吾輩なら仲直りしてみんなで生きるにゃ…！

ちなみに本名は「幸村」じゃなくて、**「信繁」**にゃ。真田信繁をモデルに描かれた物語のなかで、名前が真田幸村だったから、幸村の名前で有名になったにゃ。

キャラ名が本名より有名になっちゃったとは、物語パワーすごいにゃ。

クイズ！

真田幸村が大坂城につくった出城といえば？

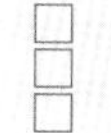

□□□

【答え】真田丸

基本データ

茶の心 ★★★　知力 ★★★
政治力 ★★☆
出身地：和泉国堺（現在の大阪府堺市）
生没年：1522年～1591年（没年70才）

「わび茶」の儀礼を極め「茶の湯」として完成させた茶人。織田信長や豊臣秀吉に保護され、茶の湯は流行した。豊臣秀吉に仕えて相談役になったが、秀吉の怒りを買い、切腹させられた。

千利休は「**茶の湯**」を完成させた人物にゃ。**織田信長や豊臣秀吉**にも教えていたにゃ。

お茶の先生…ティー・ティーチャーにゃ!!

うまいけど、そんなに大声で言うことでもないにゃ。

利休は「**わび茶**」の作法を定めた**天才茶人で、**秀吉には**政治の相談事をされるほど信頼されていた**にゃ。

「わび茶」？ コンビニで売ってるの見たことないにゃ。

「わび茶」はお茶の種類じゃなくて、**無駄を全てなくし、お茶そのものを楽しむ美学**のことにゃ。

利休の茶室

こんな感じの茶室で飲むにゃ。

おお～地味だけど上品にゃ。

そして、こっちが秀吉が建てた茶室にゃ。

ド派手にゃ！

利休の教え、どこいったにゃ!? こんなにちがったのに、利休はよく信頼されてたにゃ。

それが…**結局、秀吉は利休に切腹するよう命じた**にゃ。

どうしてにゃ!? やっぱり好みがちがったせいにゃ!?

本当の理由はわかっていないにゃ。大徳寺の山門の上に利休の木像をつくったことが怒りに触れたとかいろいろな説があるけどにゃ。

門を通ると像の足の下をくぐることになるにゃ。

それを無礼だと思われたって説にゃ。

利休は静かに切腹の命令を受け入れ、わび茶を飲んでから切腹をしたそうにゃ。

生き方そのものまで美学の塊みたいな人にゃ…！

クイズ！

千利休が完成させたのは？

①さび茶 ②わび茶 ③抹茶

【答え】②わび茶

NO.048

安土桃山時代

狩野永徳

狩野派の若きリーダー、天下一の絵師

豪華絢爛な安土桃山文化を象徴する作品を残す

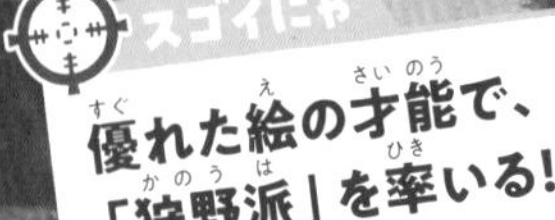

優れた絵の才能で、「狩野派」を率いる!

スゴイにゃ

信長や秀吉に求められ障壁画※を手がける!

惜しいにゃ

作品のほとんどが焼失してしまった…。

絵筆を武器に戦乱の世を生きぬいたにゃ!

基本データ

絵の才能 ★★★　責任感 ★★★

健康 ★★★

出身地:京都(現在の京都府)

生没年:1543年~1590年(没年48才)

狩野家は室町幕府の足利将軍家に仕える絵師の家で、永徳も幼いころから絵の才能をみせた。豪華で力強い画風は織田信長や豊臣秀吉に気に入られ、城の障壁画※などに絵筆をふるった。

※障壁画:ふすまなど、家の一部に描かれる絵のこと。

狩野永徳は、代々続く画家の家系に生まれた**天才画家**にゃ。

画家って、代々続く職業にゃ？

狩野さん家は特別にゃ。**「狩野派」**と呼ばれて、室町時代から江戸時代末期の**約400年間活躍した**にゃ！

それは、**筋金入りのエリート集団**にゃ…！

永徳は、初期は細かい絵を得意としていたにゃ。

▼洛中洛外図屏風

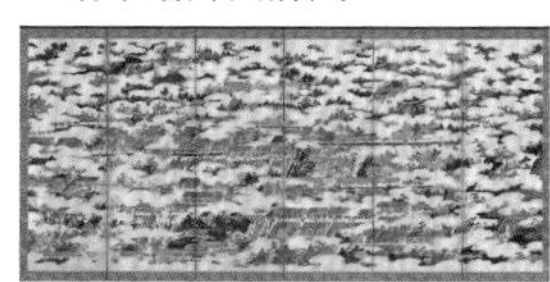

めちゃくちゃ
時間がかかりそうにゃ！

その通りにゃ。たくさんの注文を受けて忙しかった永徳は、**時間のかからない絵の描き方を確立した**といわれているにゃ。

早く描く方法…わかった、手抜きにゃ！

ちがうにゃ。手抜きとかする人、あんまり歴史に残らないにゃ。**モチーフを大きく描き、豪華で力強い絵を描いたにゃ。**

唐獅子図屏風
にゃ。

大迫力にゃ！

雄大で華やかな画風は**織田信長**や**豊臣秀吉**に気に入られて、**安土城**や**大坂城**にも絵を描いたにゃ。

見に行ってみたいにゃ！

残念だけど、それは不可能にゃ。永徳の絵のほとんどが、**建物とともに焼失してしまっているにゃ**…。

そして永徳は、東福寺の天井画を描いている時に、無理がたたって**48才の若さで死んでしまった**にゃ。

代わりに
何か描いて
あげるにゃ？

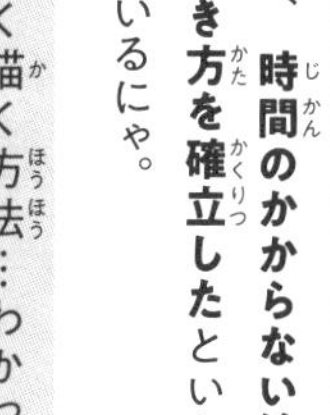
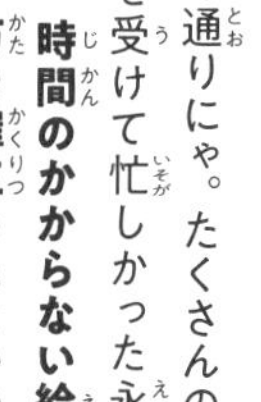

遠慮しとくにゃ。

働きすぎの芸術家にゃ…！

クイズ！

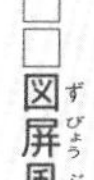

狩野永徳の代表的な作品は？

□□□図屏風

【答え】唐獅子（図屏風）

まとめクイズ！ MATOME QUIZ

まとめQ1

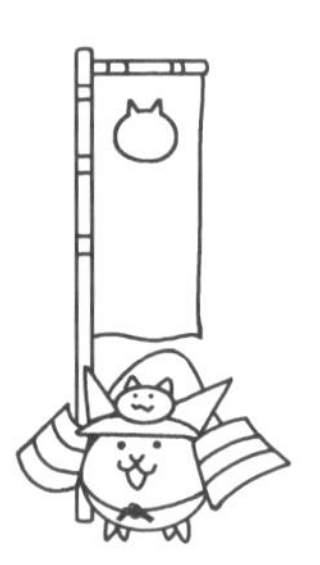

ネコざむらいが、安土桃山時代の人物と戦ってみたいと言ってるにゃ！ 1～6はそれぞれどの歴史上の人物からの返事か、下の6人の中から選ぶにゃ。

1
鉄砲をつかった戦術で、返り討ちにしてやる！

2
「海道一の弓取り」と呼ばれたワシに勝てるかな？

3
農民から天下人まで成り上がったワシに挑むとは…！

4
派手な武装に、独眼竜のワシに怖気づいたか？

5
豊臣家に歯向かう者は「日本一の兵」と呼ばれたワタシが許さない！

6
情報の収集と作戦を立てることでは負けない！

今川義元

織田信長

真田幸村

伊達政宗

豊臣秀吉

石田三成

全問正解したら完全勝利にゃ！ 全部まちがえたら…何度でも110ページから出直してくればいいにゃ！

まとめQ2

安土桃山時代の歴史の年表を完成させたいにゃ!
□に当てはまる名前を入れるにゃ。

時代	年	人物とできごと
安土桃山	1575	長篠の戦いで 1 □ が武田軍をやぶる。
	1576	織田信長が安土城を築く。
	1582	本能寺の変で織田信長が 2 □ にたおされる。
	1583	豊臣秀吉が大坂城を建てる。
		3 □ が障壁画を描く。
	1590	4 □ が全国を統一する。
	1591	5 □ が豊臣秀吉に切腹させられる。
	1600	関ヶ原の戦いで徳川家康が 6 □ 率いる西軍に勝利する。

答え Q1 1 織田信長　2 今川義元　3 豊臣秀吉　4 伊達政宗　5 真田幸村　6 石田三成

Q2 1 織田信長　2 明智光秀　3 狩野永徳　4 豊臣秀吉　5 千利休　6 石田三成

次は江戸時代(政治)にゃ!

江戸時代

約260年も続いた徳川家による江戸幕府の時代！

～江戸幕府の政治～

【1603年～1867年】

立派なお城にゃ！
江戸幕府の本拠地、江戸城にゃ！

▲「江戸図屏風」

徳川家康が開いた江戸幕府

豊臣秀吉の死後、関ケ原の戦いで勝利した徳川家康は、江戸（東京）に幕府を開いたにゃ。

徳川家康 P.120

江戸幕府は約260年も続いたにゃ。

争いが減り平和が続いた

徳川家は大名の反乱がふたたび起きないように気を付けていたにゃ。敵だった大名を江戸から遠くに住まわせたり、厳しく取りしまったりしたにゃ。

江戸

▲「会津藩主参勤交代行列図」

3代目の将軍・徳川家光は遠くに住む大名に江戸と往復させる、参勤交代のルールを作ったにゃ。

キリスト教の禁止

江戸幕府は、キリスト教の力が大きくなるのをおそれて、キリスト教を禁止したにゃ。

幕府は、キリスト教の像を踏ませて、信者でないことを証明させたにゃ。

鎖国

さらに江戸幕府は、外国との貿易も制限したにゃ。

◀出島

詳しく歴史人物を見ていくにゃ!

No.049

江戸時代

徳川家光

江戸幕府の制度を完成させた3代将軍

生まれながらの将軍!

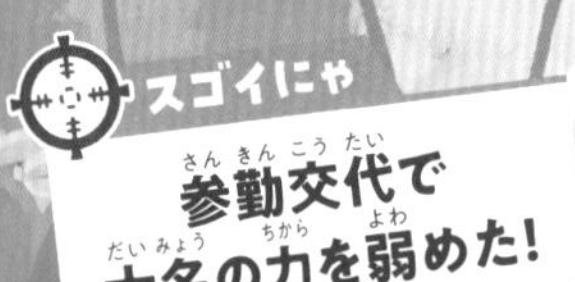

スゴイにゃ

参勤交代で大名の力を弱めた!

なるほどにゃ

祖父の家康を尊敬していた!

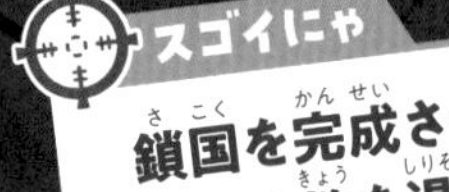

スゴイにゃ

鎖国を完成させ、キリスト教を退けた!

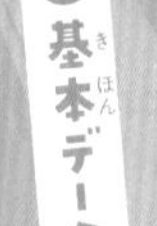

江戸まで自転車で行くにゃ～。

基本データ

知力 ★★★ 武力 ★★★

政治力 ★★★

出身地：江戸（現在の東京都）

生没年：1604年～1651年（没年48才）

江戸幕府の第3代将軍。武家諸法度に参勤交代の制度を加え、大名の力を弱めた。将軍のもとに老中、若年寄、大目付という役職を置き幕府政治のしくみを完成させた。貿易はオランダと中国に限り、鎖国を行った。

家光は、**徳川家康の孫**にゃ！

おじいちゃんが、江戸幕府を開いた人ってことにゃ？

そうにゃ。**第3代将軍**になった家光は家康を尊敬していたにゃ。家康が定めた武家諸法度に、**参勤交代**の義務を加えて完成させたにゃ。

参勤交代？

大名に、領地と江戸とを1年交代で往復させたにゃ。

▲参勤交代

お祭りみたいにゃ！

見た目ほど楽しいものじゃないにゃ。参勤交代にはたくさんお金がかかるから、**大名にお金を使わせて幕府に対抗する財力をなくさせるのが目的**にゃ。

断っちゃダメにゃ？

断れないように、大名の妻や子どもを人質として江戸に住まわせたにゃ。

棒高跳びで逃げればいいにゃ！

できる人、少ないと思うにゃ…。

家族をとられちゃ、従うしかないにゃ。家光、怖いこと考えるにゃ…。

その一方で、家光は**キリスト教の力を恐れた**にゃ。

キリスト教？　なんでにゃ？

人々がキリスト教の神様への信仰を優先して、幕府の命令に従わなくなるのを恐れたにゃ。

家光は**外国との貿易も禁止したにゃ**。200年以上続く**鎖国**の始まりにゃ。

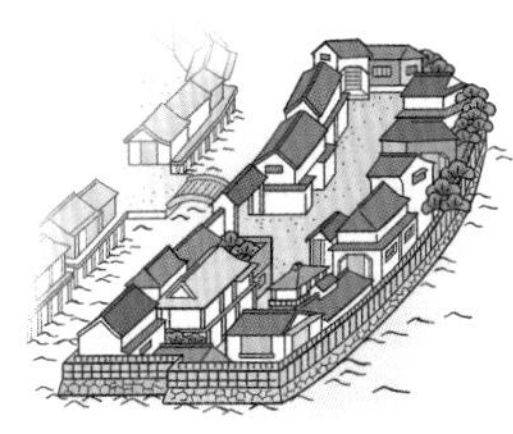
鎖国の間も、キリスト教を広めないオランダと中国とは、長崎の**出島**で貿易をしたにゃ。

クイズ！

鎖国の間、出島で貿易をしていた外国はどことどこ？

①中国　②ポルトガル　③オランダ

【答え】①中国　③オランダ

基本データ

攻撃力 ★★★　カリスマ性 ★★★

ピュア度 ★★★

本　名：益田四郎時貞

出身地：肥後（現在の熊本県）

生没年：不明～1638年

キリシタン大名である小西行長の家臣の子どもといわれている。重い税に苦しむ農民やキリスト教徒たち3万人以上を率いた島原・天草一揆のリーダー。江戸幕府の攻撃に耐え続けるも敗れる。

天から舞い降りたハトが手のひらに卵を産み、中から聖書が出てくるにゃ。

それ、何の手品の話にゃ？

手品じゃなくて、**天草四郎が起こしたキセキの伝説**にゃ。ほかにも、海の上を歩いたとか、数多くのキセキの伝説が残っているにゃ。

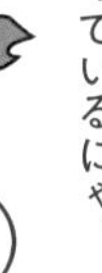

天草四郎ってエスパーにゃ？
ちがうにゃ。

でも、**謎に包まれた人物**であることは確かにゃ。島原・天草という地域のキリスト教徒のリーダーになって**島原・天草一揆**で幕府と戦ったにゃ。

当時キリスト教が禁止されていて、信者は厳しく取り締まられていたにゃ。キリシタンを見分ける**絵踏み**とか。

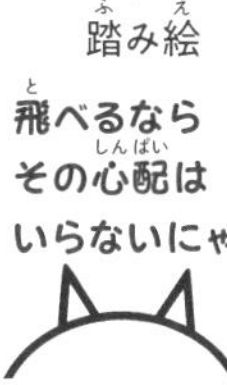

キリストの絵…信者だったら踏めないにゃ…！
踏み絵
飛べるならその心配はいらないにゃ。

とくに、島原や天草は**キリシタン**が多い地域で、取り締まりが厳しかったにゃ。農民も重い税に苦しんでいて、そこに現れたのが、賢くて信仰心の篤い天草四郎にゃ。

映画の主人公みたいにゃ！

しかも、**色白の美少年だったらしい**にゃ。

主人公確定にゃーー！

人々は、天が遣わした救い主にちがいないとあがめたにゃ。**四郎は先頭に立って幕府と戦ったけど、結局は倒されてしまったにゃ。**

主人公は負けないはずなのに…現実は映画のようにはいかないにゃ…。

キリシタンの団結力を恐れた幕府は、これ以上キリスト教が日本に入り込まないように**鎖国**をしたにゃ。

国を動かした美少年…無念だけど、ロマンにゃ…！

クイズ！

天草四郎をリーダーに戦った一揆を何という？

□□・□□一揆

【答え】島原・天草(一揆)

NO.051

江戸時代

シャクシャイン

松前藩と戦ったアイヌ民族の英雄

スゴイにゃ

アイヌの人々に一致団結を呼びかけ敵に立ち向かった!

和人の横暴に抵抗するため団結せよ!

ヒドイにゃ

休戦とだまされ、殺されてしまった…。

アイヌは北海道の先住民族にゃ!

基本データ

統率力 ★★★　武力 ★☆☆

民族性 ★★★

出身地：蝦夷（現在の北海道）

生没年：不明～1669年

江戸時代前期のアイヌ民族の指導者。はじめはアイヌの人々どうしで争っていたが、松前藩から不平等な交易を強いられ、松前藩とアイヌの争いになった。休戦に合意しようとしたが、だまされて殺された。

シャクシャインは、**アイヌ**のリーダーにゃ。

カタカナばっかりにゃ！　カタカナでトークをエンジョイにゃ。

対抗しなくていいにゃ。アイヌっていうのは、**北海道に昔から住んでいた人々**にゃ。北海道は**蝦夷地**と呼ばれて、幕府の支配がおよばなかったにゃ。

日本の一部じゃなかったってことにゃ？

そうにゃ。室町時代には本州から移り住む人がいて「**和人**」と呼ばれてたにゃ。

和人の指導者は松前氏と名乗り、幕府に蝦夷地の支配を許されたにゃ。

アイヌの人々は漁や狩りをして暮らしていたんだけど、江戸時代になると**松前藩と交易が始まった**にゃ。

アイヌのサケと

松前藩の米を交換にゃ！

だけど、だんだん松前藩は**不公平な取り引き**をするようになっていったにゃ。

松前藩…ズルするタイプは嫌われるにゃ。

松前藩の横暴に耐えられなくなったアイヌの人々は、団結して戦ったにゃ。

そのリーダーが、シャク、クシャ、イシャ…

シャクシャインにゃ。

松前氏は戦いを長引かせたくなかったにゃ。だから仲直りすることを提案したにゃ。

あれ、意外といいことするにゃ、松前藩！

ところが、それを受け入れたシャクシャインを、**宴会の席でだまし討ちにして殺してしまった**にゃ。

ひどいにゃ、松前藩…！　嫌われるタイプにゃー！

リーダーを失ったアイヌの人々は、結局、松前氏に支配されてしまったにゃ…。

クイズ！

松前氏と戦ったアイヌ民族のリーダーは？

□□□□□□□

【答え】シャクシャイン

江戸幕府の第5代将軍。武力による政治から、道徳を重んじる政治に変えようと儒学を広めた。護国寺を建て財政を圧迫したり、「生類憐みの令」を出したりと、人々を苦しめる政治を行った。

5代将軍徳川綱吉は、**犬公方**と呼ばれた将軍にゃ。

将軍なのに、あだ名が犬にゃ？

生き物、特に犬を大事にした将軍だからにゃ。動物を殺した者を厳しく罰する**「生類憐みの令」**という法律を定めたにゃ。

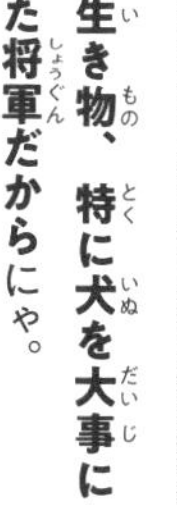

ナイス法律わん。
そうとも
言えないにゃ…。

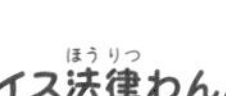

ふ〜ん、心優しい将軍にゃ！

うん、まあ、そうにゃ。そうなんだけどにゃ…。

どうしたにゃ？
歯切れ悪すぎにゃ！

生類憐みの令では、犬だけじゃなくて、**猫も鳥も魚もネズミまでも大切にされた**にゃ。

我々も…にゃ？
たぶんにゃ。

鳥や魚まで殺してはいけないとなると、**食べるものに困って飢え死にする人**までいたにゃ。野犬が増え、かみ殺される人もいたにゃ。

ちょ、ちょっとやりすぎにゃ！

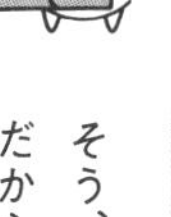

そう、やりすぎだったにゃ。だから生類憐みの令は悪法だとよく言われるにゃ。

綱吉は、儒学の教えを広めて、生命の尊重という道徳を人々に持ってほしかったにゃ。

かなり
重めの愛にゃ。

単なる生き物大好きおじさんじゃなかったにゃ。

生き物の中には人間も含まれていて、**捨て子や病人**などの**弱い立場の人も守られたのはいいことだった**にゃ。

ありがたい話
でもあるにゃ。

クイズ！

生類憐みの令で保護されたのはどの動物？

①人間
②犬
③魚

【答え】①②③全部

弥生 — 飛鳥 — 奈良 — 平安 — 鎌倉 — 室町 — 安土桃山 — 江戸 — 明治以降

NO.053

江戸時代

新井白石

将軍を助けて政治改革を行った朱子学者

正徳の治で政治を立て直す!

おどろきにゃ
子どものころから勉強家!

スゴイにゃ
自伝などたくさんの著書がある!

スゴイにゃ
家宣を助けて改革を行った!

基本データ

知力 ★★★　勉強好き ★★★

政治力 ★★☆

出身地：江戸（現在の東京都）

生没年：1657年～1725年（没年69才）

朱子学を学び徳川家宣に仕えた。幕府の役人になると、貨幣の質をよくして物価を安定させたり、貿易をおさえて日本から金や銀が外国に出て行かないようにしたりするなど「正徳の治」を行った。

あらい…しらいし？2人組にゃ？

「**はくせき**」って読むにゃ。新井白石は、6代将軍**徳川家宣**に仕えた**朱子学者**にゃ。

しゅしがくしゃ。あ〜、しゅしがくしゃ、にゃ。え〜と…

朱子学は、**中国で生まれた学問**にゃ。上下関係を大事にする教えがあって、幕府が大事にしていたにゃ。

当時、先代の綱吉が行った政治で社会が大混乱中で、それを立て直したのが新井白石にゃ。

綱吉…ああ、ネコ奉行の！

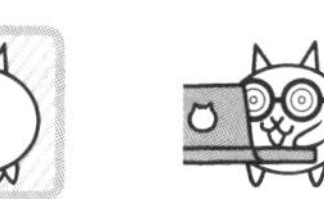

犬公方にゃ。まさに白石がまず行ったのが綱吉の「**生類憐みの令**」**の廃止**にゃ。

即廃止！決断が早いにゃ。

ほかにも、貨幣の質をよくして物の値段を安定させたり、朝鮮通信使の接待を簡素にして節約したりして立て直そうとしたにゃ。

白石が行った政治を「正徳の治」というにゃ。

さすが学者さん、頭がいいにゃ！この人が右腕なら、将軍はラクチンにゃ！

ところが当時の将軍の家宣も、次の家継も、将軍になって3年余りで亡くなってしまうにゃ。

ちなみに家継は5才で将軍になって、8才で亡くなったにゃ…。

じゃあ白石がやりたい放題にゃ！

ところが、次の将軍に徳川吉宗がなると、**白石は政治から遠ざけられてしまった**にゃ。

クイズ！

新井白石が行った政治を何という？

□□の治

【答え】正徳（の治）

基本データ

政治力 ★★★　行動力 ★★★

節約魂 ★★★

出身地：紀伊（現在の和歌山県）

生没年：1684年～1751年（没年68才）

江戸幕府の第8代将軍。幕府の苦しい財政を立て直すため享保の改革を行った。上げ米の制や新田開発によって、幕府の収入を安定させた。人々の意見を聞く目安箱の設置や、江戸の町火消などをつくった。

食事は1日2食、着る物は質素な木綿。それが8代将軍の徳川吉宗の生活にゃ！

1日2食!? 将軍なのに、ごちそう食べないにゃ？

新井白石の政策でも、幕府はお金が足りず苦しかったにゃ。そこで吉宗は**ぜいたくを禁止して質素な生活をするよう命じたにゃ**。

だから、自分も質素にくらしたにゃ？ なんか真面目な人にゃ！

着てる服は質素でも王様にゃ！

着て…るにゃ？

使うお金を減らしたら、次は入るお金を増やさなきゃにゃ。

吉宗は、安定した収入を確保するため「**上げ米の制**」で大名に米を納めさせたり、**新田の開発**をしたりしたにゃ。

おお～なんか、効果ありそうな政策にゃ！

吉宗が行った改革を「**享保の改革**」というにゃ。ほかにも刑の基準を示した**公事方御定書**を定めたりしたにゃ。

さらに、人々が意見を投書できるポスト、「**目安箱**」を置いたにゃ。

吉宗本人が直接目を通していたにゃ。

将軍に直接意見を言えるにゃ？ なら毎日日曜日にしてほしいにゃ！

さすがの将軍にもそれは無理だと思うにゃ。でも実際に、目安箱の意見から**貧しい人たちが無料で診療してもらえる病院（小石川養生所）**を建てたにゃ。

庶民のヒーローみたいな将軍にゃ！ きっと庶民に大人気にゃ？

それが、そうでもないにゃ。幕府の財政はよくなったけれど、農民のくらしは厳しくなって、たびたび一揆が起こったにゃ。

政治は単純じゃないにゃ。

クイズ！

徳川吉宗が行った改革はどれ？

①享保の改革
②寛政の改革
③天保の改革

【答え】①享保の改革

NO.055

江戸時代

田沼意次

商業重視で財政の立て直しをはかった老中

基本データ

先見力 ★★★　人気 ★★★

政治力 ★★★

出身地：江戸（現在の東京都）

生没年：1719年～1788年（没年70才）

10代将軍徳川家治のときに老中となる。商業を発展させ財政を立て直そうと、「株仲間」をつくって税を納めさせた。積極的にオランダや中国と貿易を行い、印旛沼の干拓を行った。わいろ政治と批判されて老中を辞めさせられた。

田沼意次は、ちょっとかわいそうになるくらい民衆に嫌われた人にゃ。

いったい何をやらかしたにゃ？　盗み食いとか？

徳川家重と家治にかわいがられて、幕府の最高位の**老中**にまで出世した人にゃ。

それは…確かにちょっと鼻につくにゃ…？

ねたみで嫌われたわけじゃないにゃ。

それまで、幕府の収入は主に農民から集めたお米だったにゃ。

ふ～ん。農民じゃない人はどうしてたにゃ？　お米はつくれないにゃ。

さすがネコ、そこにゃ！　商人や町人からは、税金をとってなかったにゃ。

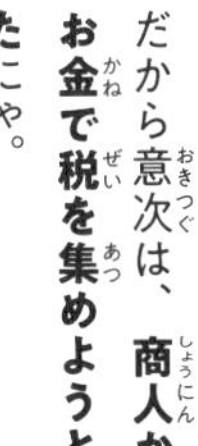

だいぶ不公平にゃ！　農民が一揆をおこすはずにゃ…。

だから意次は、**商人からもお金で税を集めようと考えた**にゃ。**株仲間**という組合をつくらせて、商売を独占する代わりに税を納めさせたにゃ。

賢いにゃ！　今のところ嫌われる要素はないにゃ？

意次の苦難はここからにゃ。商人たちは贈り物や献金で意次に気に入られようとしたにゃ。

たこやきあげるから税は見逃してにゃ！

わいろを受け取ったら、農民に嫌われるにゃ。

しかも、江戸時代最大の**天明の大ききん**が起きて、多くの人が飢え死にしたにゃ。全国で百姓一揆や打ちこわしが起きて、意次への批判が集中したにゃ。

天災はどうにもできないのに、不運にゃ。

たしかに…ちょっとかわいそうな運命にゃ。

クイズ！

田沼意次が商人につくらせた組合を何という？

①商売仲間　②株仲間　③株式仲間

【答え】②株仲間

江戸時代

厳しすぎる寛政の改革を行った老中

松平定信

スゴイにゃ
1人の餓死者も出さなかった名君!

「白河の清きに魚のすみかねて…」

キビシイにゃ
厳しすぎる寛政の改革!

もうムリにゃ
人々の不満が爆発! わずか6年で終了…。

楽しむことも必要にゃ♪

基本データ

政治力	★★☆	厳しさ	★★★
人気	★★★		

出身地:江戸(現在の東京都)

生没年:1758年~1829年(没年72才)

徳川吉宗の孫で、白河藩主となった。天明のききんのときは質素倹約に努め名君と呼ばれた。老中になると、厳しい倹約を命じ、災害時に備えて米をたくわえさせた。また、贅沢品の販売を禁止した。

田沼意次が辞めさせられたあと**老中**になったのが、白河藩で**名君**とよばれた松平定信にゃ。

名君！　期待できそうにゃ。

天明のききんでは、倹約して他の地域から買った米を人々に配り、領内から1人も飢え死にする人を出さなかったそうにゃ。

それは殿様の鑑にゃ！

定信は、田沼の商業重視の政策を嫌っていたから、**代わりに厳しい倹約を命じた**にゃ。**寛政の改革**にゃ。

あれ？　倹約ってたしか、徳川吉宗もやってたにゃ…？

定信のは、**武士だけではなく、町人や農民にも厳しい倹約を求める政策**だったにゃ。

な、なんか大変そうにゃ。

まだまだあるにゃ。衣服や装飾品、豪華な食事など**贅沢品の販売を禁止**したにゃ。幕府を批判する本も取り締まったし、**朱子学以外の学問を学ぶことも禁止**したにゃ。

がんじがらめにゃ…。

当時の人々も厳しすぎる改革に不満がたまって、こんな歌までつくられたにゃ。

「白河の清きに魚のすみかねて　もとのにごりの田沼恋しき」

「白河（定信）は厳し過ぎて住みにくい。わいろ政治でも田沼のほうがよかった」という意味にゃ。

大きな声では言いづらいけど、正直…、

十分大きな声にゃ。

クイズ！

松平定信が行った改革は？
①享保の改革　②寛政の改革
③天保の改革

【答え】②寛政の改革

弥生
飛鳥
奈良
平安
鎌倉
室町
安土桃山
江戸
明治以降

江戸時代

水野忠邦

天保の改革を行ったが失敗に終わった老中

政策の押しつけで、あらゆる人からきらわれた

かわいそうにゃ

人々に
うらまれ憎まれた…。

キツイにゃ

倹約のため人々
から楽しみを奪った…。

煙たがられて、
たった2年で失敗にゃ〜

基本データ

政治力 ★★★　出世欲 ★★★

人気 ★★★

出身地：江戸（現在の東京都）

生没年：1794年〜1851年（享年58才）

徳川家斉が亡くなり家慶が将軍のとき、天保の改革を行った。厳しい倹約令、株仲間の解散、農民を村へ返す「人返し令」を行い、江戸や大坂周辺の土地を幕府の領地とする「上知令」は反発を受け失敗した。

水野忠邦も、当時の人々から嫌われランキング上位の老中だったにゃ。

また、何をやらかしたにゃ？

この人の場合は、どちらかと言うと**「何もできなかった」**にゃ。忠邦は**天保のききん**で、一揆や打ちこわしがたくさん起きて社会が混乱しているときに老中になったにゃ。

急いでなんとかしなきゃにゃ。

忠邦はまず、厳しい**倹約令**を出して、贅沢品を禁止したにゃ。

どこかで聞いた政策にゃ…。

倹約はもうお腹いっぱいにゃ…。

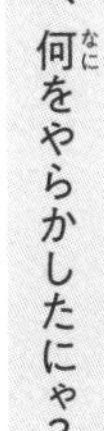

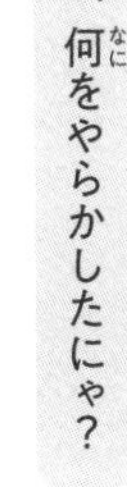

それから、**江戸の芝居小屋をよそに移したり**、風俗を乱す出版物の取り締まりを強化したりしたにゃ。

庶民の楽しみになんてことするにゃ！

それから物のねだんを下げるために**株仲間を解散させたけど、**

けど？

物のねだんは下がらなかったにゃ。

ききんで荒れはてた農村を復興させて年貢米を増やすため**「人返し令」**を出して**農民を村に返したけど、**

けど？

年貢米は増えなかったにゃ。

さらに、幕府の収入を増やすため**「上知令」**で江戸や大坂周辺の**大名などの領地をとりあげて、代わりの土地を与えようとしたけど、**

けど？？？

大名や農民の反対にあって撤回したにゃ。

ぜんぶ失敗にゃー！

忠邦の**天保の改革はどれも失敗、**老中を辞めさせられたにゃ…。

クイズ！

水野忠邦が行った改革は？

①享保の改革　②寛政の改革

③天保の改革

【答え】③天保の改革

NO.058

江戸時代

大塩平八郎

大坂の民を救うため幕府に反乱を起こした元役人

腐敗した政治を正し、腐った世の中を変える!

スゴイにゃ
自分の書物を売って、人々にお金を分け与えた!

ツライにゃ
元役人が起こした反乱で幕府に衝撃を与えた!

スゴイにゃ
陽明学の「知行合一」の精神を実行!

基本データ

正義感 ★★★　行動力 ★★★
武力 ★★☆
出身地：大坂（現在の大阪府）
生没年：1793年～1837年（没年45才）

大坂町奉行所の元役人で、陽明学を学び「洗心洞」という私塾を開いた。天保のききんで苦しむ大坂の民衆のために、幕府に反乱を起こした。反乱は半日でしずめられたが、全国に影響を及ぼした。

大塩平八郎は、**大坂奉行所の与力だった人物**にゃ。

ヨリキって何にゃ？

寄り切りなら知ってるにゃ。

相撲のワザは関係ないにゃ。

奉行所っていうのは**警察**みたいなもので、与力は**警部**みたいな感じにゃ。元与力の大塩平八郎は**大塩平八郎の乱**を起こしたにゃ。

名前、そのまんまにゃ！

これは幕府にとって大衝撃の事件だったにゃ。

たしかに衝撃の、名前そのまんまっぷりにゃ。

名前は置いといてにゃ。与力といえば幕府の身内にゃ。**身内が裏切ったからショックは大きかった**にゃ。

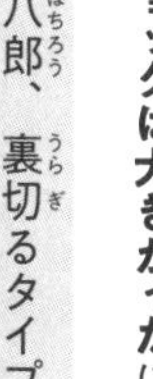

平八郎、裏切るタイプの人にゃ？

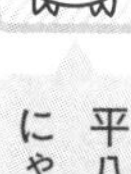

むしろ悪いのは幕府にゃ。幕府は、天保のききんで苦しんでいる大坂の人々を助けなかったにゃ。

面倒なことはスルーしたにゃ。

それどころか、米を買い占める商人がいても、わいろをもらって見て見ぬふりにゃ。

一方、私塾を開いていた**平八郎は持っていた本を売り、そのお金を困っている人々へ与えた**にゃ。

平八郎は奉行所に何度も訴えても相手にされなかったにゃ。だから**とうとう武器を持って立ち上がった**にゃ。弟子たちに町人や農民を加えた反乱軍は、**わずか半日でしずめられ、平八郎も自ら命を絶った**にゃ。

クイズ！

大塩平八郎はどこの奉行所の人物？

①江戸　②大坂　③京都

【答え】②大坂

まとめクイズ！ MATOME QUIZ

まとめQ1

にゃんこたちが江戸時代の気になる人物について話をしているにゃ。
だれのことを話しているか当ててほしいにゃ。

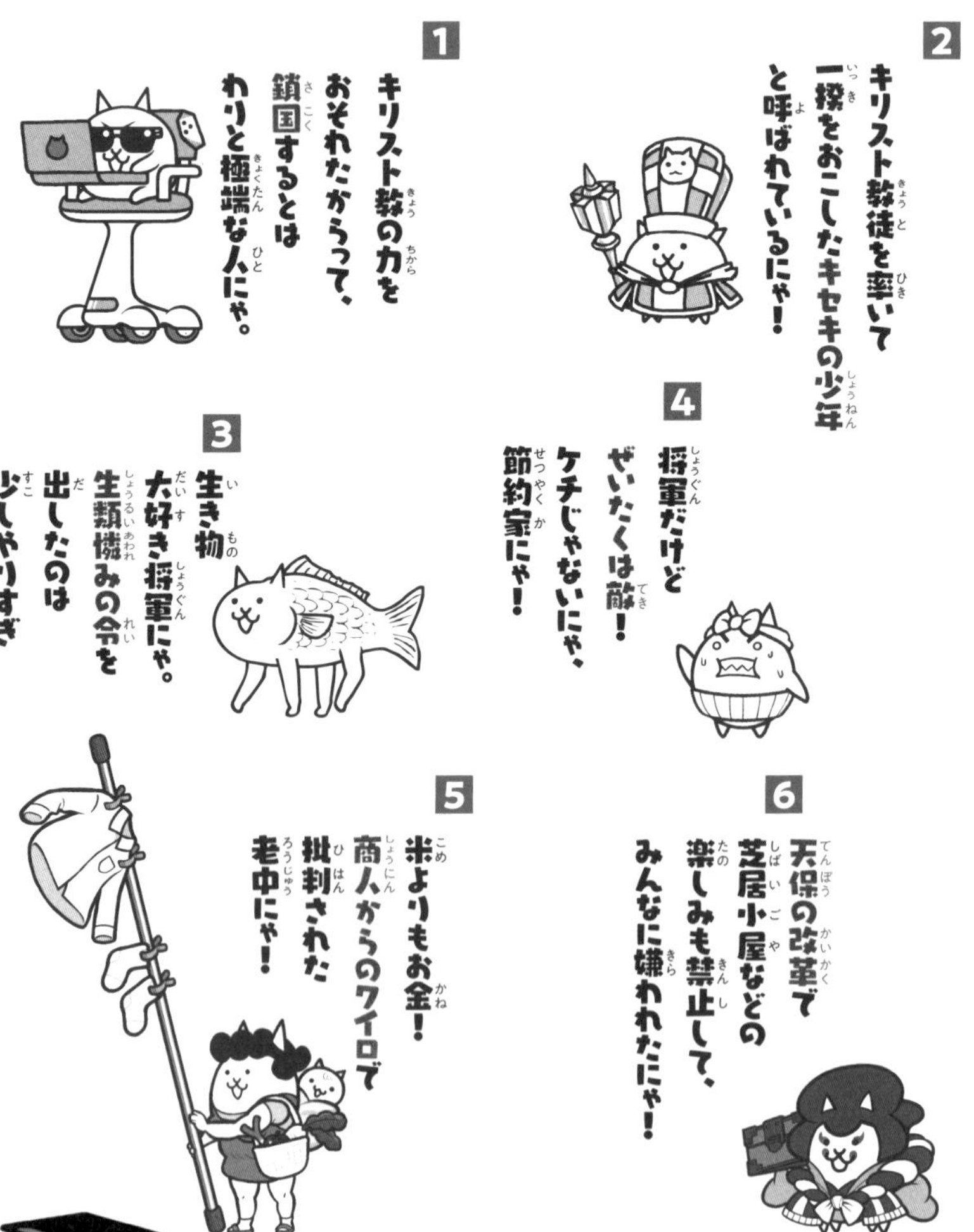

1
キリスト教の力を
おそれたからって、
鎖国するとは
わりと極端な人にゃ。

2
キリスト教徒を率いて
一揆をおこしたキセキの少年
と呼ばれているにゃ！

3
生き物
大好き将軍にゃ。
生類憐みの令を
出したのは
少しやりすぎ
だったけどにゃ。

4
将軍だけど
ぜいたくは敵！
ケチじゃないにゃ、
節約家にゃ！

5
米よりもお金！
商人からのワイロで
批判された
老中にゃ！

6
天保の改革で
芝居小屋などの
楽しみも禁止して、
みんなに嫌われたにゃ！

全問正解したら完全勝利にゃ！　全部まちがえたら…
何度でも136ページから出直してくれればいいにゃ！

江戸時代（政治）

まとめQ2

江戸時代の政治に関する歴史の年表を完成させたいにゃ！
［　　］に当てはまる名前を入れるにゃ。

時代	年	人物とできごと
江戸	1603	徳川家康が江戸に幕府を開く。
	1635	1［　　］が参勤交代を制度化する。
	1637	天草四郎が率いる島原・天草一揆が起こる。
	1641	鎖国の体制が整う。（オランダ商館が長崎の出島に移される。）
	1669	蝦夷地（北海道）で2［　　］の戦いが起きる。
	1685	徳川綱吉が生類憐みの令を出す。
	1709	3［　　］が政治改革（正徳の治）を行い、生類憐みの令を廃止する。
	1716	徳川吉宗が享保の改革を始める。
	1732	享保のききんが起きる。
	1772	田沼意次が老中になる。
	1782	天明のききんが起きる。
	1787	4［　　］が寛政の改革を始める。
	1833	天保のききんが起きる。
	1837	5［　　］の乱が起きる。
	1841	水野忠邦が天保の改革を始める。

答え Q1 1徳川家光　2天草四郎　3徳川綱吉　4徳川吉宗　5田沼意次　6水野忠邦

Q2 1徳川家光　2シャクシャイン　3新井白石　4松平定信　5大塩平八郎

次は江戸時代（文化）にゃ！

江戸時代 ～江戸時代の文化～

平和が続いた江戸時代は、様々な文化も花開いた！

▼東洲斎写楽「三世大谷鬼次の奴江戸兵衛」

人気の歌舞伎役者を描いた浮世絵にゃ。

迫力あるにゃ！

歌舞伎・人形浄瑠璃

歌舞伎や人形浄瑠璃という舞台芸術が大流行したにゃ。

近松門左衛門 P.168

▲菱川師宣「歌舞伎図屏風」

芝居小屋はいつも大にぎわいだったにゃ。

江戸

文学や俳諧

町人の生活を舞台にした物語が流行したり、芸術としての俳諧（俳句）が生まれたりしたにゃ。

井原西鶴 P.166

松尾芭蕉 P.162

浮世絵

当時の様子を描いた名画がたくさん生まれたにゃ。

▼歌川広重
「名所江戸百景　大はしあたけの夕立」

菱川師宣 P.164

葛飾北斎 P.178

歌川広重 P.180

▲葛飾北斎「冨嶽三十六景　神奈川沖浪裏」

地理学・蘭学・国学

日本地図を歩いて完成させた人もいたし……

伊能忠敬 P.176

西洋の学問の蘭学や、日本人の考えを学ぼうとする国学も広まったにゃ。

杉田玄白 P.172

本居宣長 P.174

文化の宝石箱にゃ。

詳しく歴史人物を見ていくにゃ!

NO.059

江戸時代

松尾芭蕉

『奥の細道』を書いた、俳諧の芸術性を高めた人物

スゴイにゃ

『奥の細道』を書いた!

「古池や　蛙飛びこむ　水の音」で新しい俳諧の世界を開く!

本当にゃ!?

2400kmを5か月で歩いた!?

スゴイにゃ

俳諧をただの遊びではなく芸術にした!

基本データ

芸術性	★★★	健脚力	★★★
人気度	★★★		

出身地：伊賀（現在の三重県）

生没年：1644年～1694年（没年51才）

伊賀国の藤堂氏に仕えて俳諧（俳句）を学び、江戸へ出て俳諧師となる。俳諧はそれまで笑いが中心だったが、自然の美しさや人生の深みを詠うことで、芸術性を高めていった。日本のいろいろな土地をめぐり『奥の細道』などの紀行文を書いた。

忍者だったというウワサがあるにゃ。

松尾芭蕉は、日本中を旅してたくさんの句をつくった**俳人**にゃ。

ハイジ？芭蕉って女の子だったにゃ？

おしいにゃ！あと1文字足りないにゃ。

俳諧（俳句）を詠むから、俳人にゃ。

たとえば芭蕉の詠んだ句

古池や　蛙飛びこむ　水の音

みたいに、**5・7・5の音**でつくるにゃ。

これは**「池にカエルが飛びこむ音がした」**という意味にゃ。

…だから何にゃ？

実に正直な感想にゃ。

小さな水音が聞こえるほどの静けさを表しているにゃ。

おお～そう言われると、なんか渋い句の気がしてきたにゃ！

そうにゃ。芭蕉は旅をしながら、**人生の奥深さや自然の美しさ**を感じる独特の俳諧（俳句）をつくり上げたにゃ。

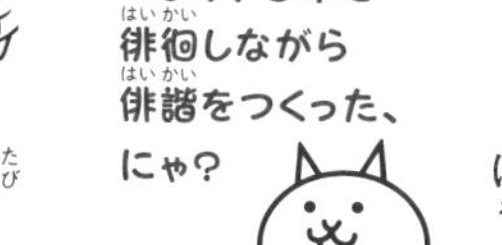

つまり、日本を徘徊しながら俳諧をつくった、にゃ？

うまいこと言ってるにゃ！

旅のようすをまとめたものでは**『奥の細道』**が有名にゃ。

2400㎞もの距離を、5か月足らずで歩いたにゃ！

▼松尾芭蕉が歩いたとされるルート

もはや歩ける距離じゃない気がするにゃ…。

同感にゃ。実は**芭蕉は忍者だったとい**うウワサがあるにゃ。出身地が忍者の里・伊賀国だったりしたからにゃ。

忍者かな
忍者じゃないかな
松尾芭蕉！

5・7・5にゃ！

クイズ！

松尾芭蕉が書いたものは？
①奥の細道　②前の細道
③上の細道

【答え】①奥の細道

NO.060

江戸時代

菱川師宣

絵を庶民の身近な芸術にした最初の浮世絵師

大人気の「見返り美人図」で「浮世絵の祖」と呼ばれた絵師！

なるほどにゃ
手軽に買える浮世絵がブームに！

スゴイにゃ
「見返り美人図」を描いた！

スゴイにゃ
浮世絵は庶民の娯楽として定着した！

基本データ

ひらめき ★★★　センス ★★★
画力 ★★★
出身地：安房（現在の千葉県）
生没年：不明～1694年

小さいころから絵を描くのが好きで、江戸に出て木版刷りの絵師となった。文章に頼らず挿絵を大きく取り入れた絵本が、江戸の庶民に大ヒット。代表作の『見返り美人図』のほか、木版画による一枚絵を芸術として楽しめるものに高めた。

菱川師宣は**浮世絵の祖**と呼ばれる、江戸時代の大人気絵師にゃ！

絵師って、画家のことにゃ？

そうにゃ。それまで絵といったら、本の挿絵しかなかったにゃ。そこで師宣は**1枚の絵画として版画を売り出した**にゃ。

どうしてそんなにヒットしたにゃ？

まず、絵のテーマが人気になったにゃ。浮世絵の「浮世」は、「現実の世界」のことで、**庶民の生活や流行などが絵のモチーフ**だったにゃ。

庶民の生活…二度寝して遅刻する様子とかにゃ？

あんまり絵にならなそうなシーンだけど…そういうのもあるかもしれないにゃ。**人気なのは「役者」や「遊女」のカラフルな作品**だったにゃ。

今でいうアイドルのポスターみたいなものにゃ。

▲「見返り美人図」

それは1枚欲しいにゃ…！

でも、お高いんでしょ、にゃ？
通販番組風にゃ？

実はヒットの理由のもうひとつはお手頃価格だったことにゃ。

木版画で大量に安く印刷できる技術ができて、庶民の手に届く値段だったにゃ。

なんと！それは買うしかないにゃ！

今買うと、もう1枚ついてきたり…？
しないにゃ。

庶民に人気の題材を選んで、浮世絵を庶民の娯楽として広めた師宣の影響は大きいにゃ。

クイズ！

菱川師宣がつくった絵画のジャンルは？

①写し絵 ②浮世絵 ③うわさ絵

【答え】②浮世絵

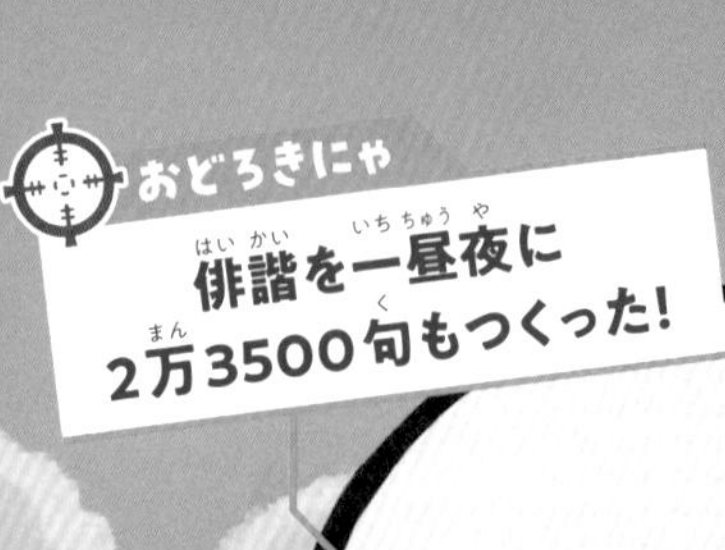

NO.061

江戸時代

井原西鶴

現実世界をいきいきと描いた「浮世草子」の人気作家

恋や金に悩みながらも、たくましく生きる人間の姿を描く!

遅咲きにゃ
作家デビューは40才を過ぎてから!

スゴイにゃ
「浮世草子」は庶民に喜ばれた!

小説は恋愛ものが一番にゃ!

基本データ

創作性 ★★★　人気 ★★★
活力 ★★★
出身地：紀伊（現在の和歌山県）
生没年：1642年～1693年（没年52才）

江戸時代の作家。俳諧を得意としたが、「浮世草子」※の作家となった。『好色一代男』がたちまち大人気となり『好色五人女』など続々と出版した。たくましく生きる人間の姿を描き、新しい文学をつくり出した。

※「浮世草子」…人間の欲望や人情をテーマにした娯楽小説のジャンル。

なんだかとっても、小説を書いてみたい気分にゃ！

いつになく急にゃ。それなら井原西鶴の作品を参考にしてみたらどうにゃ？　**江戸時代の前半の人気作家**にゃ。

江戸時代の小説…それっておもしろいにゃ？

たしかに、江戸時代はそれまでマジメな読み物が多くて、庶民にはあまり人気がなかったにゃ。

でも西鶴は、**「浮世草子」**っていう**人間の欲望や人情をありのままに描いた小説**を書いて人気になったにゃ。

ありのままの姿にゃ。

活気があってなによりにゃ。

西鶴のデビュー作は、**『好色一代男』**といって、主人公・世之介と女性との恋愛を描いた話にゃ。

ラブストーリーにゃ!?　それは人気出そうにゃ……！

その通りにゃ。その後も、**『好色二代男』『好色五人女』**などを発表して、「好色物」って呼ばれる恋愛物語のジャンルまでできたにゃ。

西鶴の作品で、ほかにも武士の姿を描いた**「武家物」**や、商人の暮らしを描いた**「町人物」**があるにゃ。

町人物では『世間胸算用』がベストセラーになったにゃ。

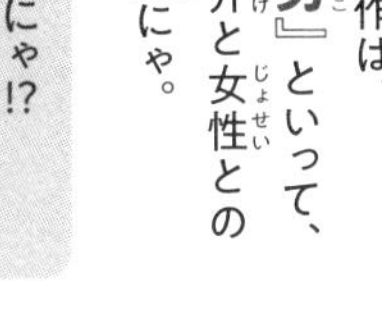

ベストセラーだらけにゃ！　そんなにすごい作家なら、ぜひ参考にするにゃ！

ちなみに、ネコはどんな作品を書くつもりにゃ？

明太子とイカのラブストーリーにするつもりにゃ！

なんだか美味しそうなラブストーリーにゃ。

クイズ！

井原西鶴のデビュー作はどれ？

①『好色一代男』
②『好色二代男』
③『好色五人女』

【答え】①『好色一代男』

NO.062

江戸時代

近松門左衛門

名作を残した浄瑠璃作家・歌舞伎作家

『曽根崎心中』で一大ブームを巻き起こした、日本のシェークスピア！

基本データ

創作性 ★★★　人気 ★★★

活力 ★★★

出身地：越前（現在の福井県）

生没年：1653年〜1724年（没年72才）

江戸時代の浄瑠璃作家・歌舞伎作家。人形浄瑠璃の一座に入り、浄瑠璃の台本を書いた。竹本義太夫が語る台本を書き、『曽根崎心中』が大人気となった。歌舞伎の台本も手がけ、人気役者・坂田藤十郎の演じる脚本も書いた。

ネコ、「**人形浄瑠璃**」って観たことあるにゃ？

ないし、なんなら漢字が難しすぎて読めないにゃ！

正直なのはネコのいいところにゃ。「**にんぎょうじょうるり**」って読むにゃ。三味線の伴奏で物語を語りながらする**人形劇**にゃ。

人形劇にゃ？ そういうお子さま向けっぽいものはだいぶ前に卒業したにゃ。

ところが、近松門左衛門の作品は、**全然お子さま向けっぽくない**にゃ。

最初にヒットした**『世継曽我』**って作品は**兄弟のかたき討ちの話**にゃ。

浄瑠璃語りの竹本義太夫とタッグを組んで、大人気になったにゃ。

テーマが重いにゃ…。

そして一番ヒットしたのが**『曽根崎心中』**にゃ。実話をもとにした作品で、心中した（愛のために一緒に死を選んだ）恋人同士の物語にゃ。

テーマ重すぎにゃ…！

ヒットしすぎて作品をマネして心中する恋人達が増えてしまい、幕府から上演を禁止されるほどだったにゃ。

たしかにお子さま向け要素ゼロにゃ。

うさぎとかくまとかかわいい動物は出ないにゃ？
1秒も出てこないにゃ。

ほかにも、歴史や伝説をテーマにした浄瑠璃や、歌舞伎の脚本もたくさん手がけたにゃ。

まさに「日本のシェークスピア」にゃ！

クイズ！

近松門左衛門が書いた心中物の代表作は？

『□□□心中』

【答え】曽根崎（心中）

NO.063
江戸時代
平賀源内
学問から科学や芸術まで多彩な才能を持った天才
何でもできちゃう日本のダ・ヴィンチ!?
スゴイにゃ
エレキテルの復元に成功!
おどろきにゃ
「土用の丑の日」をプロデュース!
スゴイにゃ
燃えにくい布を発明!
好奇心のかたまりにゃ!
基本データ
知力 ★★★ ひらめき ★★★
行動力 ★★★
出身地：讃岐（現在の香川県）
生没年：1728年〜1779年（没年52才）
江戸時代の中ごろに活躍した、植物学者、蘭学者、浄瑠璃作家、西洋画家、発明家、鉱山の開発など、さまざまな分野で才能を発揮した天才。エレキテルの修復や、火浣布（燃えにくい布）や寒暖計などの発明をした。

平賀源内ってどんな人にゃ？

うーん、一言では言いづらいにゃ。強いて言うなら、**学者であり、発明家であり、作家であり、画家でもあり、事業家でもある**、みたいな…。

さっぱりわからないにゃ。

一番有名なのは、**発明家**としての顔にゃ。燃えにくい布や、寒暖計など、たくさんのものを発明したにゃ。

摩擦によって電気を起こす「エレキテル」という器具の復元にも成功したにゃ。

それはもう、どう考えても発明家にゃ！ 発明家って紹介すればいいにゃ！

「**土用の丑の日**」というキャッチコピーを考えて、夏に食べる人が減るうなぎを「暑い夏こそうなぎを食べよう！」と宣伝したのも平賀源内にゃ。

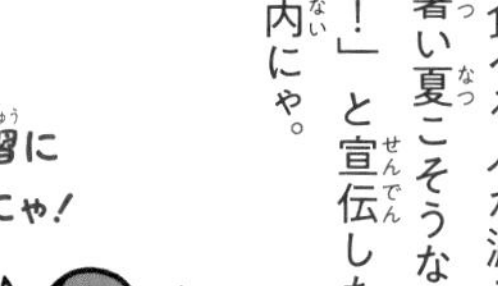

今でも続く風習になったにゃ！

それは…発明家っていうより、事業家っぽいにゃ？

浄瑠璃の台本や小説も書いたし、西洋画も描いたにゃ。

それは…作家で画家にゃ…。

とにかく、**常人離れした天才**だったことは確かにゃ！

きっと人生楽勝だったにゃ。

実はそうでもないにゃ。源内は人生の最後に殺人を犯してしまい、牢屋の中で病死してしまったにゃ。

最後は犯罪者になっちゃったにゃ!? どう紹介していいかわからずじまいにゃ…！

なんて紹介していいかわからなくなってきたにゃ…！

わかってもらえてよかったにゃ。

クイズ！

平賀源内が復元した電気を起こす器具は？

□□□□□

【答え】エレキテル

基本データ

知力 ★★★　行動力 ★★★

忍耐力 ★★★

出身地：江戸（現在の東京都）

生没年：1733年～1817年（没年85才）

オランダの医学を学んだ医者で蘭学者。オランダ語の解剖書『ターヘル=アナトミア』の正確さに驚き、前野良沢らと日本語に翻訳し、約4年をかけて『解体新書』を出版した。

ネコ、読めない言葉で書かれている本があったら、どうするにゃ？

そういう本は、まくらにピッタリにゃ！

潔いまでのあきらめの良さにゃ。杉田玄白とは正反対にゃ。

『**ターヘル＝アナトミア**』という**オランダ語**で書かれた西洋医学の解剖書を見て衝撃を受けた杉田玄白は、**自力で翻訳して『解体新書』として出版した**にゃ。

なんで衝撃を受けたにゃ？

玄白は医者だったけど、それまで学んできた中国医学の解剖図とは、全然ちがうものが載っていたからにゃ。

それは大ショックにゃ。でも、オランダの本がまちがってる可能性もあるにゃ？

そうにゃ。だから玄白は、前野良沢らと一緒に刑場に行って、**死罪になった罪人の解剖を見学させてもらった**にゃ。

百聞は一見にしかず、にゃ。

実際の体の中が『ターヘル＝アナトミア』に書かれているものと同じだと確認した玄白は、**正しい知識を広めるため、この本を日本語に翻訳することにした**にゃ。

オランダ語がわかる人だったにゃ？

ほぼわからなかったにゃ。辞書を使いながら、わかった言葉の前後の意味を推測し、少しずつ日本語に訳していったにゃ。

気が遠くなりそうにゃ……！

翻訳した『解体新書』の出版まで、約4年もかかったにゃ！

クイズ！

杉田玄白らが翻訳して出版した、解剖学の本といえば？

①『解体新書』 ②『蘭学事始』
③『ターヘル＝アナトミア』

【答え】①『解体新書』

NO.065
江戸時代
本居宣長
『古事記』を研究し、国学を発展させた学者
『古事記伝』の執筆に力を尽くす！
かわいいにゃ
研究の疲れは、鈴の音で癒していた！
スゴイにゃ
賀茂真淵のすすめで『古事記』の研究をスタート！
おどろきにゃ
『古事記伝』の執筆に35年かかった！
鈴の音で疲れを癒したにゃ？
自転車のベルも、
リンリンいい音にゃ。
基本データ
知力 ★★★
努力 ★★★
影響力 ★★★
出身地：伊勢（現在の三重県）
生没年：1730年～1801年（没年72才）
江戸時代中ごろの国学者。医者をしながら日本文学の研究をし、国学者の賀茂真淵の門人となった。『古事記』の研究に取り組み、35年をかけて『古事記伝』を完成させた。

本居宣長は、江戸時代の**国学者**にゃ。

国学…国語の先生にゃ？

ちょっとちがうにゃ。国学っていうのは、古代の文化や文学を研究して**「日本ってもともとどんな国？」**を考える学問にゃ。

どんな国…忍者の国にゃ!?

だいぶ偏った見方だし、クイズじゃないにゃ。

宣長は、尊敬する**賀茂真淵**にすすめられて、日本最古の歴史書とされる『**古事記**』**の研究**をしたにゃ。その結果…

その結果？

「もののあはれ」こそが古代からある日本の心だと気づいたにゃ。

ものを洗え？

あはれ、にゃ。

四季の移ろいとか、家族の情とか、そういうしみじみ～とした情緒のことを「もののあはれ」っていうにゃ。

しみじみ～あはれ～にゃ。

わかるような、わからないような…。

宣長も、35年かけて研究してわかったことにゃ。本居宣長がまとめた、全44巻にわたる『**古事記伝**』を読めば、ネコにもわかるはずにゃ。

古事記の解説書にゃ！

全44巻…？ うん、わかったにゃ、読んどくにゃ。

いつか。

読む気のなさが漏れ出てるにゃ。

「もののあはれ」の考え方は、中国から来た仏教や儒教を批判して、日本古来の**天皇中心の思想を復活させようという考え方**につながっていったにゃ。

クイズ！

本居宣長の書いたものは？
①『古事記』②『古事記伝』
③『日本書紀』

【答え】②『古事記伝』

NO.066

江戸時代

伊能忠敬

全国を歩いて正確な日本地図をつくった学者

地球1周分の距離を歩き、日本地図を完成させる!

エライにゃ
50才から勉強を始めた!

ビックリにゃ
69cmの歩幅で正確に歩くことができた!

スゴイにゃ
56才から17年かけて全国を測量した!

基本データ

行動力 ★★★　健脚力 ★★★

向上心 ★★★

出身地:上総(現在の千葉県)

生没年:1745年~1818年(没年74才)

商人をしていたが、50才から天文学の勉強を始め、日本全国の測量を行った。死後に、日本で初めて正確な日本地図、『大日本沿海輿地全図』が完成した。

このすんごい地図をつくったのが、江戸時代の学者、伊能忠敬にゃ。

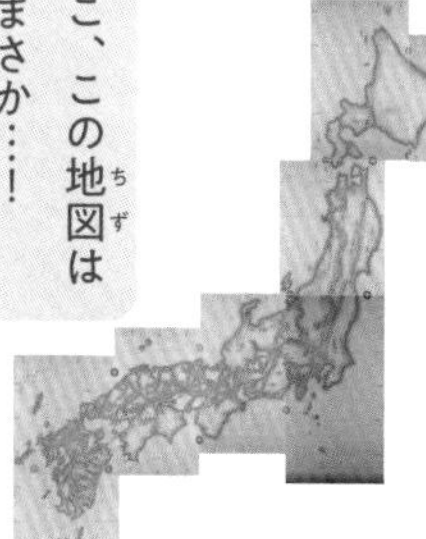

こ、この地図はまさか…！

ネコ、わかるにゃ？

遊園地のマップにゃ…！

予想の斜め上を行く回答にゃ。これは**日本で初めてつくられた正確な日本地図**にゃ。

ああ～どうりで見たことあると思ったにゃ。

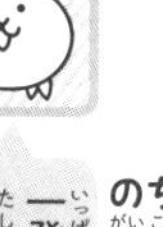

それがこの地図のすごいところにゃ。現代の地図と比べてもほとんど同じくらいに正確にゃ。

のちに外国の測量隊が、この地図の正確さに驚いたらしいにゃ。

一発で正確につくれるなんて確かにすごいにゃ。

一発…といっても、完成までに17年かかってるけどにゃ。

17年!? どうしてそんなにかかったにゃ!?

忠敬は全国の沿岸を歩いて、その長さを測って地図にしたにゃ。測量するために歩いた距離は、約4万km。なんと、**地球1周分**にゃ！

脚が棒になっちゃうにゃ！

もとからじゃ…？

距離を測るときに歩数で測ることもあって、**忠敬は1歩をぴったり69cmで歩くことができた**というにゃ。

職人芸にゃ！ 地図職人！

残念ながら忠敬は、測量を終えて地図の仕上げをする最中に亡くなったにゃ。でも、弟子たちが引き継いで地図を完成させたにゃ。

弟子もがんばったにゃ！

クイズ！

伊能忠敬が日本全国を測量するのにかかった年数は？

①7年
②10年
③17年

【答え】③17年

NO.067
江戸時代
葛飾北斎
ヨーロッパの画家に影響を与えた浮世絵師
スゴイにゃ
大胆な構図と
色づかいで大人気!
ビックリにゃ
外国にジャポニズムを
流行させた!
フシギにゃ
一生のうちに引っ越しを
93回もした!
生涯で3万点以上を描いた、
あふれ出る創作意欲!
基本データ
芸術性 ★★★ 独自性 ★★★
引っ越し度 ★★★
出身地:江戸(現在の東京都)
生没年:1760年~1849年(没年90才)
江戸時代後期の浮世絵師。浮世絵を学んだ後、日本画や西洋画を学び、独自の画風を築き上げた。本の挿絵作家をしながら、晩年に『冨嶽三十六景』や『富嶽百景』を発表した。
93回の引っ越しは
多すぎにゃ!

葛飾北斎は、富士山の絵で有名な浮世絵師にゃ。**『冨嶽三十六景』**が有名にゃ。

実は36枚以上のシリーズにゃ！

▲「冨嶽三十六景」

まさか富士山だけで36枚以上も作品があるにゃ？

そのまさかにゃ。日本画や西洋画も学んだからこその、**大胆な構図と色彩が北斎の持ち味**にゃ！

1枚くらい似たような絵がありそうにゃ。

ないのがすごいところにゃ。

続けて、**『冨嶽百景』**を発表し、風景画家として知られるようになったにゃ。

さらに100枚も!? 富士山好きすぎにゃ…！

追加で描いてもらいたいにゃ。

富士山じゃないから無理だと思うにゃ…。

ゴッホやルノワールなどフランスの画家にも影響を与えて、**「ジャポニズム」**という日本のブームも生まれたにゃ。

天才画家にゃ…お金もたくさん稼いでそうにゃ。

実は北斎は**人気画家なのに貧乏**だったらしいにゃ。

なんでにゃ!? 絵が高く売れるんじゃないにゃ？

たぶん、引っ越しすぎにゃ。90才で亡くなるまで、生涯に**93回も引っ越した**にゃ。どうやらそうじが面倒だったようにゃ。

天才はやることが極端にゃ。

クイズ！

葛飾北斎が描いた富士山の浮世絵といえば？

①『冨嶽三十六景』
②『冨嶽百景』

【答え】①②両方

『東海道五十三次』が大ヒット!

江戸時代

歌川広重

風景画の傑作を描いた、旅する浮世絵師

浮世絵『東海道五十三次』は画家・ゴッホも真似した美しさ!

スゴイにゃ

西洋の画家に影響を与えた!

風景画の第一人者!

旅に出たくなる絵にゃ!

基本データ

創造性 ★★★　行動力 ★★★

影響力 ★★★

出身地：江戸（現在の東京都）

生没年：1797年〜1858年（没年62才）

江戸時代後期の浮世絵師。葛飾北斎の風景画に影響を受け、写生旅行で描いた『東海道五十三次』が評判となり、人気浮世絵師になった。ヨーロッパの印象派の画家にも影響を与えた。

歌川広重も江戸時代の大人気アーティストにゃ。

歌川さん？
いい歌、
歌いそう
にゃ！

歌手じゃなくて**浮世絵師**にゃ。広重の絵は、ゴッホなど**西洋の画家にも影響を与えた**にゃ！

ゴッホも
まねしたくなる
大胆な構図
にゃ。

▲「名所江戸百景　亀戸梅屋舗」

あれ？江戸時代の有名な浮世絵師って、ほかにもいたにゃ？

ネコ、さすがにゃ！前に登場した**菱川師宣**は、人物の絵が人気だったにゃ。広重の人気作品は**風景画**にゃ！

宿場？

▼「東海道五十三次」の1枚

東海道の宿場を描いた
55枚の風景画

宿場っていうのは、大きな街道の要所要所にある、旅行者が休んだり泊まったりするための場所にゃ。

観光名所でも
あるにゃ。

まるで旅行のガイドブックみたいにゃ！

その通りにゃ。広重が旅して描いた観光名所の絵は大人気で、その後も次々と新作が発表されたにゃ。

今も昔も、人って旅行が好きにゃ。

車も電車もない時代だったから、なおさら広重の絵は人気が出たにゃ。

眺めるだけで
旅行気分にゃ。

クイズ！

歌川広重が、東海道の宿場の様子を描いた浮世絵は？

①東海道中膝栗毛
②東海道五十三次
③東海道新幹線

【答え】②東海道五十三次

基本データ

知力 ★★★　行動力 ★★★

先見性 ★★★

出身地:陸奥(現在の岩手県)

生没年:1804年~1850年(没年47才)

長崎で医学と蘭学をシーボルトに学び、江戸で町医者になった。「異国船打払令」など鎖国※の政策を、『戊戌夢物語』という本で批判した。幕府につかまって牢屋に入れられたが、脱獄し見つかって死亡した。

※ 鎖国…キリスト教の布教をする外国との貿易を禁止する政策。

高野長英は、**賢いがためにつらい一生を送った人**にゃ…！

どういうことにゃ？　賢いに越したことないにゃ？

時代の先を行きすぎたにゃ。長英は医者だったにゃ。長崎の出島で当時の最先端の知識**「蘭学」**を**シーボルト**のもとで学んだにゃ。

蘭学はオランダの学問のこと。シーボルトはオランダ商館の医師にゃ。

ヨーロッパがいかに進んでいるか知って、**「このままでは世界から取り残されてしまうから、鎖国をやめるべきだ」**と考えたにゃ。

でも、幕府はまだまだ鎖国バンザイって思っていたにゃ。

「異国船打払令」にゃ！

外国の船は問答無用で攻撃しちゃうにゃ！

嫌な予感がするにゃ…。

実際に、遭難した日本人を送ってきたアメリカの船を砲撃して追い払ってしまうという事件が起きたにゃ。

長英は『**戊戌夢物語**』という本を書いて幕府の対応を批判したけど、そのせいで**牢屋に入れられてしまった**にゃ。

ほかの蘭学者も次々と幕府に処罰されたにゃ。「蛮社の獄」という事件にゃ。

長英は脱獄に成功したけど、結局幕府に見つかり、亡くなってしまったにゃ。長英が死んでわずか4年後、日本は開国するにゃ。

賢くてつらい一生にならないように気を付けるにゃ…。

ネコはきっとだいじょう…いや、気を付けてにゃ。

クイズ！

高野長英は幕府のどんな政策を批判した？

①鎖国　②開国

【答え】①鎖国

まとめクイズ！ MATOME QUIZ

まとめQ1

江戸時代の歴史人物とキーワードを書いたかるたのペアを、
うっかりばらばらにしてしまったにゃ！
1～6のかるたをペアにもどすにゃ！

全問正解したら完全勝利にゃ！　全部まちがえたら…
何度でも160ページから出直してくれればいいにゃ！

江戸時代（文化）

まとめQ2

江戸時代の文化に関する歴史の年表を完成させたいにゃ!

□に当てはまる名前を入れるにゃ。

時代	年	人物とできごと
江戸	1682	1 □が『好色一代男』を出版する。
	1689	松尾芭蕉が『奥の細道』の旅に出る。
	1703	2 □の『曽根崎心中』が初演される。
	1774	杉田玄白らが『解体新書』を出版する。
	1798	3 □が『古事記伝』を完成させる。
	1800	伊能忠敬が蝦夷地を測量する。
	1833	4 □の『東海道五十三次』が刊行される。
	1839	5 □、渡辺崋山が幕府にとらえられる（蛮社の獄）。

江戸

答え Q1 1 菱川師宣　2 平賀源内　3 松尾芭蕉　4 伊能忠敬　5 杉田玄白　6 葛飾北斎

Q2 1 井原西鶴　2 近松門左衛門　3 本居宣長　4 歌川広重　5 高野長英

次は江戸時代（幕末）にゃ!

ある日、黒船がやってきた…！

江戸時代

〜江戸時代の終わり（幕末）〜

鎖国の終わり

1853年、アメリカから黒船がやってきて、200年以上続いた鎖国が終わったにゃ。

「Commodore Perry and his party landing at Yokohama to meet the Shogun's Commissioners」
(1855年、Peter Bernhard Wilhelm Heine作、Smithsonian Institution Image Delivery Servicesより)

江戸幕府

アメリカ

開国して！

ペリー P.188

くっ…仕方ない…

井伊直弼 P.190

日本に不利な条件で開国したから、江戸幕府の信用は落ちてしまったにゃ。

「尊王攘夷」の盛り上がり

尊王…天皇を大事に！

&

攘夷…外国を追い払え！

ソンジョイ…？

そんのう
じょうい、
にゃ。

尊王攘夷は、この時代に幕府を倒したい人たちの間で流行った考え方にゃ。

江戸

幕府を倒す

長州藩（山口県）と薩摩藩（鹿児島県）が協力して、江戸幕府を倒そうと動き出したにゃ。

新政府側

長州藩

薩摩藩

坂本龍馬 P.196

大久保利通 P.204

西郷隆盛 P.202

木戸孝允 P.208

仲介

薩長同盟

旧幕府側は抵抗もしたけれど、結局は新政府軍に敗れたにゃ。

旧幕府側

大政奉還

政治の権利を朝廷（天皇）に返します

幕府側の武士

勝海舟 P.198

15代将軍

徳川慶喜 P.200

こうして江戸幕府はほろび、新政府による新しい時代がはじまったにゃ。このときの社会の大きな変化を**明治維新**とよぶにゃ。

▲大政奉還の際の徳川慶喜（イメージ）

NO.070

江戸時代

ペリー

日本を開国させたアメリカの軍人

おどろきにゃ
日米和親条約を結ばせた！

スゴイにゃ
蒸気軍艦を建造し「蒸気船海軍の父」と呼ばれた！

黒塗りの軍艦でアメリカの力を見せつけて日本を開国させる！

スゴイにゃ
200年以上続いた鎖国を終わらせた！

開国するにゃ！

基本データ

武力 ★★★　知力 ★★★
行動力 ★★★
名前：マシュー・ペリー
出身地：アメリカ合衆国
生没年：1794年～1858年（没年65才）

アメリカ海軍の軍人で、日本を開国させるよう大統領に命じられて、「黒船」と呼ばれる黒塗りの軍艦を率いて日本へやってきた。日本に軍艦を見せておどし、開国をせまった。1年後に再び来日し、日米和親条約に調印させた。

日本が約200年も**鎖国**をしていた江戸時代の終わり、ペリーはある日突然、4隻の黒い蒸気船・**黒船**で**浦賀**（神奈川）にやってきたにゃ。それを見て、人々はとんでもなくびっくりしたにゃ！

なんでびっくりするにゃ？手品でもしてくれたにゃ？

当時、日本に蒸気船なんてなかったにゃ。だからもくもく煙を上げてすごいスピードで進む姿に「**なんだアレ!?**」ってなったにゃ。

攻撃されちゃったにゃ!?

ううん、ペリーは**アメリカ大統領からの開国を求める手紙**を幕府に渡して、「**1年後に答えを聞きに来る**」と言って帰っていったにゃ。

ほっ…1年あればなんかうまいこと解決できそうにゃ。

1年後、約束通りにペリーは、今度は**7隻の軍艦**でやってきたにゃ。

幕府はアメリカの要求通り、日本に不利な「**日米和親条約**」を結んで開国したにゃ。

日米和親条約で約束させられたこと

1. 下田・箱館※を開港する
2. 石炭や食料・水を提供する

※現在の函館

アメリカに言われるがままにゃ…。1年あったのに!?

鎖国の間に、日本とアメリカ・ヨーロッパとの力の差は大きく開いていたにゃ。1年ではなんの対策も立てられなかったにゃ…。

ペリーが日本を開国させてからは**ロシア**や**イギリス**も日本へやってきて、条約を結んでいったにゃ。

クイズ！

ペリーが4隻の軍艦を率いてやってきた場所は？
①浦賀 ②下田 ③箱館

【答え】①浦賀

NO.071

江戸時代

井伊直弼

日米修好通商条約を結んだ江戸幕府の大老

アメリカとの不平等な条約を結び、逆らう者を次々に処刑…！

ヒドイにゃ

反発してきた吉田松陰たちを処刑…。

おどろきにゃ

勝手にアメリカと日米修好通商条約を結んだ。

ツライにゃ

反対派のうらみを買い、桜田門外で暗殺された…。

「井伊の赤鬼」とおそれられたにゃ。

基本データ

決断力 ★★★　知力 ★★☆

運 ★★☆

出身地：近江（現在の滋賀県）

生没年：1815年～1860年（没年46才）

日本が開国をした頃の江戸幕府の大老。天皇の許しを得ないまま、1858年にアメリカと「日米修好通商条約」を結んだり、14代将軍を徳川家茂に決めたりした。こうした強引な政策に反対した尊王攘夷派※の吉田松陰らを厳しく罰した（安政の大獄）。そのうらみを買って桜田門外で殺害された。

※ 尊王攘夷派…天皇をうやまい外国人を追いはらおうという考えを持つ勢力

井伊直弼は、ペリーの次にアメリカから来た**ハリス**と**日米修好通商条約**っていう条約を結んだ大老にゃ。

にちべーしゅーこーつーしょー…早口言葉にゃ？

日米修好通商条約。日本とアメリカで貿易をしよう、と決めた条約にゃ。

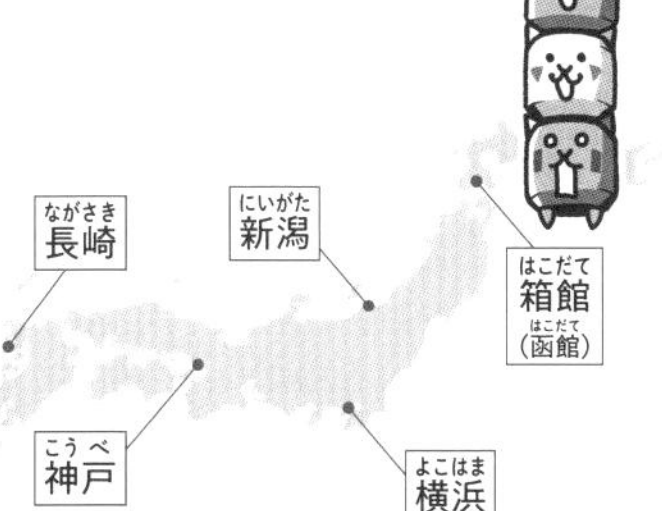

日米修好通商条約で開いた5つの港

5つの港を開き、貿易することになったにゃ。

鎖国をやめたなら、そりゃあ貿易しなくちゃにゃ！

でも実はこれ、日本にとってとっても**不利な条約**だったにゃ。

日本には輸入品にかける税金（関税）を決める権利がないにゃ！

日本で罪を犯したアメリカ人を日本の法律で裁けないにゃ！

直弼…！　なんでそんな条約を結んじゃったにゃ!?

今の日本は外国と戦っても勝ち目がないから、条約を結ぶしかないと判断したにゃ。

外国嫌いだった**天皇の許可なく**結んだから、**「天皇を大切にして外国人を追いはらうべき」**と考える**尊王攘夷派**にものすごく反発されたにゃ。

尊王攘夷派から見たら、外国の「いいなりすけ」にゃ。

うまいこと言った、の顔してるにゃ。

あんまり直弼を悪く言わないほうがいいにゃ。直弼は反発する人々を厳しく処分して、**吉田松陰**らを処刑したからにゃ（**安政の大獄**）。

それは…ごめんにゃ、ちゃんと井伊直弼と言い直すにゃ！

またうまいこと言うにゃ！結局国内の反発が強まって、直弼は反対派によって**桜田門外で殺されてしまった**にゃ。

クイズ！

井伊直弼がアメリカと結んだ条約は？

日米□□□□条約

【答え】（日米）修好通商（条約）

NO.072

江戸時代

吉田松陰

松下村塾で日本のリーダーとなる人材を育てた思想家

幕府につかまってしまうほど先進的な考えを持つ、熱い教育者！

ビックリにゃ
ペリーの黒船に乗り込もうとして失敗！

スゴイにゃ
松下村塾で多くの優秀な人材を育成！

ツライにゃ
倒幕の計画を立て、安政の大獄で死刑に…。

ここからは、写真や肖像画も紹介するにゃ。▶

基本データ

指導力 ★★★　知力 ★★★

人望 ★★★

出身地：長門（現在の山口県）

生没年：1830年～1859年（没年30才）

松下村塾を引き継いで、明治維新で活躍した伊藤博文など、多くの優秀な人材を育てた。幕府を倒して新しい日本をつくろうと計画したため、井伊直弼による「安政の大獄」で幕府にとらえられ死刑となった。

吉田松陰先生のもとで学びたいにゃ！

吉田松陰は**松下村塾**の先生にゃ！

▲松下村塾

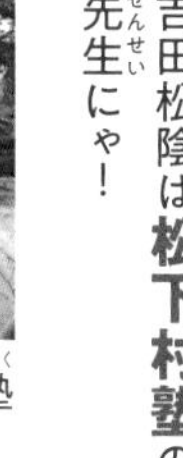

世界遺産になってるにゃ。

塾の先生？勉強を教えてたにゃ？

そうにゃ。鎖国が終わった大きな転換期に、志のある若者がたくさん学んだにゃ。塾生たちは、その後、明治政府を支える重要人物になっていくにゃ！

明治に初代総理大臣になった伊藤博文とかにゃ。

教え子、すごいにゃ。

松陰自身もなかなかすごい人だったにゃ。ペリーの黒船が来たとき、松陰は**「外国を直接知る」ために、黒船に乗り込もう**としたにゃ。

自分の目でたしかめるのが一番にゃ！

ええっ!? 黒船が怖くなかったにゃ？

それでも行くのが松陰にゃ。結果的に失敗して、投獄されてしまったんだけどにゃ。

先生っぽくない人にゃ…！外国に行きたがるってことは、外国を歓迎してたにゃ？

いや、最初は外国を追い出そうとしたんだけど、日本と外国の技術力の差を知って、**外国の技術を取り入れよう**と考えていたにゃ。ついでに**「不平等条約とか結んじゃう弱気な幕府」**に不満を持っていたにゃ。

幕府は外国の「いいなりすけ」だからにゃ…。

結局、幕府に逆らおうとしていることが**井伊直弼**にばれてしまい、**安政の大獄**で**死刑**になってしまったにゃ。

先生ーーー!!

クイズ！

吉田松陰が教えていた塾の名前は？

①松下村塾　②松上村塾

【答え】①松下村塾

NO.073
江戸時代
近藤勇
尊王攘夷の過激派を取り締まった新選組局長
スゴイにゃ
天然理心流の宗家になるほどの強さ!
勇猛さで恐れられた剣の達人!
スゴイにゃ
池田屋事件で名を上げる!
おどろきにゃ
新選組の局長にのし上がる!
強いけど負けないにゃ!
基本データ
武力 ★★★
統率力 ★★★
人望 ★★☆
出身地:武蔵(現在の東京都)
生没年:1834年~1868年(没年35才)
京都の尊王攘夷派を江戸幕府が取り締まるためにつくられた「新選組」の局長として活躍したが、幕府から天皇に政権が返された大政奉還の後は目的を失った。戊辰戦争で旧幕府軍が新政府軍に敗れると、新政府にとらえられ処刑された。

幕末を語るのに、**新選組**を忘れるわけにはいかないにゃ！

そんなに大事にゃ？

大事というか、**大人気**にゃ！ 幕末、政治の中心だった京都には、日本中から尊王攘夷派の志士が集まってきていたにゃ。幕府は取り締まりたかったんだけど…。

日本中から集まった強そうな志士を、京都の町奉行が取り締まれるにゃ？

ぶっちゃけ、強すぎるにゃ…！

そこで幕府が**志士を取り締まれるくらい強い精鋭**を集めてつくったのが、新選組にゃ。

14代将軍徳川家茂が京都の警護のために集めた「浪士隊」がもとになっているにゃ。

近藤勇は**新選組の局長**だった男にゃ。天然理心流の宗家になるほど**めちゃくちゃ強くて、恐れられていた**にゃ。

めちゃくちゃ強い精鋭部隊の隊長…かっこいいにゃ！

新選組の活躍で有名なのは**池田屋事件**にゃ。京都御所焼き打ちの計画を立てていた尊王攘夷派の志士20名以上を一度にとらえて、計画をつぶすことに成功したにゃ。

ただ、のちに江戸幕府の力が弱まって、志士たちにも戦う理由がなくなると、新選組もうまくいかなくなっていくにゃ。

最後は近藤勇も新政府軍に捕らえられて**処刑されてしまう**にゃ。

最後までドラマがあるにゃ…すごく新しいこと思いついたにゃ！ 新選組のマンガを書いたら、きっと大ヒットにゃ！

いいアイデアにゃ。すでに世の中にいっぱいあるけど…。

クイズ！

近藤勇が局長をつとめていたのはどれ？

①新鮮組 ②新選組 ③新幹線組

【答え】②新選組

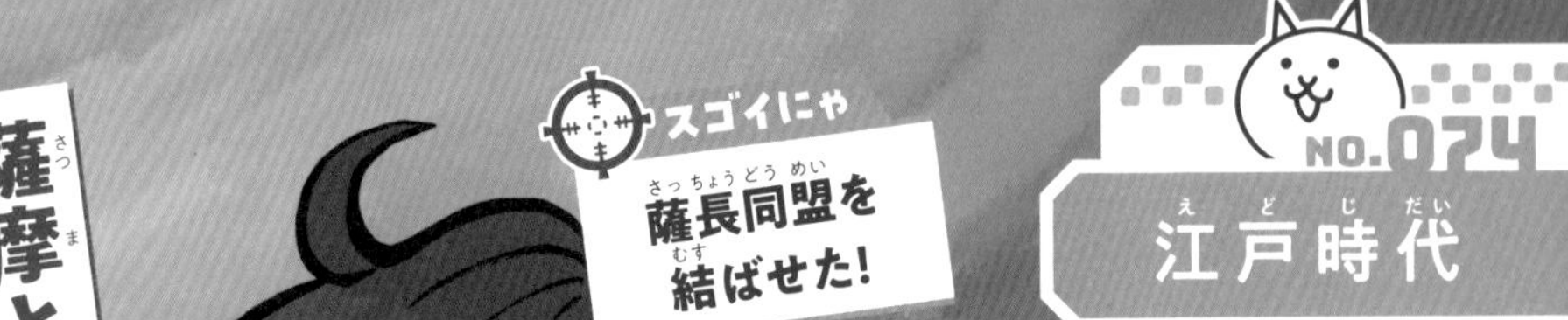

江戸時代

坂本龍馬

薩摩と長州の手を結ばせ、新しい日本をめざした志士

薩摩と長州の力を合わせて、江戸幕府に大政奉還を決意させる!

スゴイにゃ
大政奉還を成功させた!

残念にゃ
明治維新を迎える前に暗殺された!

基本データ

進歩的 ★★★　知性 ★★★
行動力 ★★★
出身地：土佐（現在の高知県）
生没年：1835年～1867年（没年33才）

土佐藩の下級武士で尊王攘夷派だったが、勝海舟に出会い開国を主張するようになった。薩長同盟を結ぶために力を尽くし、大政奉還も成功へと導いたが、新しい国づくりをめざす途中で暗殺された。

坂本龍馬は幕末の志士の中でも人気の高い有名人にゃ。

幕末って、なんか大変だった時期ってイメージあるにゃ。

幕末はとーってもざっくり言うと**「外国と付き合っていこうとする幕府」派**VS**「外国を追いはらって天皇中心の体制に戻そうとする尊王攘夷」派**で争っていたにゃ。

坂本龍馬はどっち派にゃ？

「力のない幕府は倒したいけど、外国とは付き合っていきたい」派にゃ。

龍馬はどこの藩にも所属してなかったから、わが道を進めたにゃ。

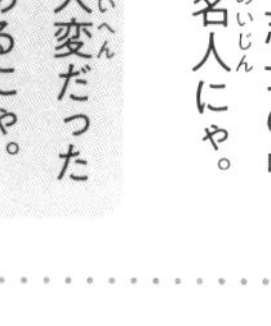

わが道を行くタイプにゃ。

当時、**薩摩藩**と**長州藩**は対立していたにゃ。でも、龍馬が間を取り持って**薩長同盟**を組ませたにゃ。そうして幕府の反対勢力を大きく、強くしたにゃ。

薩摩と長州、力を合わせて江戸幕府を倒すにゃ！

幕府、大ピンチにゃ！

次に、今度はピンチの幕府の15代将軍・**徳川慶喜**に、土佐藩を通して働きかけて、**政治の権力を幕府から天皇に返させた**にゃ。（**大政奉還**）

いろいろ根回しして上手に江戸幕府から政治の力を奪うなんて、すごい策士にゃ！

そうにゃ。龍馬が考えた新しい国の方針**「船中八策」**は、すごく未来のことが見えている内容で、その後の**明治維新**にも大きく影響を与えたにゃ。

じゃ、その後も大活躍にゃ？

残念だけど、明治維新を達成する前に、龍馬自身は**暗殺**されてしまったにゃ…。

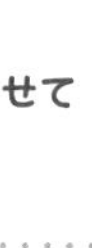

惜しいにゃ…。

クイズ！

坂本龍馬が同盟を結ばせた藩はどことどこ？

①長州藩
②土佐藩
③薩摩藩

【答え】①長州藩と③薩摩藩

NO.075

江戸時代

勝海舟

江戸無血開城を実現した江戸幕府側の武士

江戸を戦火から守るため、江戸無血開城を実現する！

スゴイにゃ
日本人で初めて蒸気船を動かし太平洋をわたった！

スゴイにゃ
外国に対抗するための近代的な海軍を育てた！

おどろきにゃ
「江戸無血開城」の立役者！

基本データ

先見性 ★★★　知力 ★★★
行動力 ★★★
出身地：江戸（現在の東京都）
生没年：1823年～1899年（没年77才）

幕府の軍艦咸臨丸の艦長としてアメリカへわたり、帰国後は海軍を育てた。旧幕府軍と新政府軍との戦いにより江戸を戦火にまきこまないため、新政府軍側の西郷隆盛と話し合い、江戸城の無血開城を成功させた。

勝海舟といえば！**江戸無血開城**にゃ！

そういう必殺技がある人にゃ？

なんかかっこいいけど、ちがうにゃ。

勝海舟は幕府の武士だったんだけど、軍艦**咸臨丸**の艦長としてアメリカにわたった経験があって、進んだ考え方の持ち主だったにゃ。

帰国後は、強い海軍をつくるため、海軍操練所を設立したにゃ。

坂本龍馬が大政奉還を進めた後、結局、幕府軍と新政府軍がぶつかって**戊辰戦争**が始まってしまったにゃ。

だから海舟は、戦わずに江戸城を明け渡すように**江戸幕府の将軍・徳川慶喜**を説得したにゃ。

外国も入ってくるのに、国内で戦争してる場合じゃないにゃ…。

江戸が戦場になって焼けちゃったら、国力激ダウンまちがいなしにゃ…。

そして、新政府軍のリーダー・**西郷隆盛**と話し合い、戦争で血を流すことなく江戸城を引き渡したにゃ。

勝海舟　西郷隆盛

必殺技、決まったにゃー！

1人も死者を出さずに新時代がやってきたにゃ！

必殺技名じゃないけど、戦いによらないで政権が変わる無血開城は、世界的に見てもめずらしいことにゃ。

日本、やるにゃ。

それをやりとげた海舟は、**明治維新**の後も、政府の役人として、**海軍を強化**することに力を尽くしたにゃ。

クイズ！

勝海舟と西郷隆盛の話し合いで明け渡された城は？

①大坂城　②江戸城　③安土城

【答え】②江戸城

NO.076

江戸時代

徳川慶喜

江戸幕府約260年の歴史に幕を下ろした最後の将軍

政治権力を幕府から天皇に返すことを決断する！

ツライにゃ
政治をする権利を天皇に返した！

意外にゃ
将軍をやめた後は、平穏に暮らした！

ツライにゃ
江戸城を明け渡して江戸幕府を終わらせた！

潔く降参にゃ～

ぐっ

基本データ

知力 ★★★　判断力 ★★★

武力 ★☆☆

出身地：江戸（現在の東京都）

生没年：1837年～1913年（没年77才）

江戸幕府の第15代将軍で、最後の将軍。軍隊を改革し幕府の力を回復させようと力を尽くしたが、幕府を倒そうとする勢力をおさえることができず、政権を朝廷に返す大政奉還を行った。江戸城を新政府に明け渡し、約260年続いた江戸幕府が滅びた後は、政治から離れて平穏に過ごした。

約260年間も続いた江戸幕府の最後の将軍が、第15代・徳川慶喜にゃ。

最後の将軍…なんかロマンのある響きにゃ…！

最後だからいろんな決断をした人なんだけど、当時幕府の武士からはあまり評価されていなかったらしいにゃ。

幕府の武士って、自分の部下にゃ！　嫌われてたにゃ？

慶喜は、幕府の力が弱まっていたから、強い新政府軍との戦いを避けるために**政権を天皇に返すこと（大政奉還）を受け入れた**にゃ。

でも「**最後まで将軍のために戦うぞ！**」って思ってた武士たちにとっては「**ええ～…**」って感じの決定だったにゃ。

トップが逃げ腰なんて…そりゃないにゃ…。

今から考えたら賢い判断だけど、たしかに武士っぽい決断じゃないかもにゃ。

「信念に死ぬ」。それが武士の美学にゃ！
ゾンビになる前は武士だったにゃ？

慶喜は、自ら政権を返すことで、新しい政府に徳川家も参加して影響力を残せればいいと思っていたにゃ。

でも敵も一枚上手で、**「王政復古の大号令」**を出して、慶喜を政治から引退させて影響力をなくすようにしたにゃ。

幕府が「政権返します！」って言ったのに、さらに新政府軍が「俺たちが王政に戻す！」って号令を出し直すって…**主導権争いがすごいにゃ！**

その後、慶喜たち幕府軍は、新政府軍との**戊辰戦争**でも苦戦して、**江戸無血開城**を決意したにゃ。

おかげで戦争の被害を抑えられて外国に攻め込まれずに済んだにゃ。

でも武士はまた戦いの場を失ったにゃ…。

クイズ！

徳川慶喜は何代目の江戸幕府の将軍？

①10代
②12代
③15代

【答え】③15代

NO.077
江戸時代
西郷隆盛
明治維新を成功させた新政府の指導者
江戸幕府を倒して明治維新を進めた1人!
ビックリにゃ
長州藩と同盟を結び、幕府に大政奉還をさせた!
スゴイにゃ
戊辰戦争で活躍し、戦うことなく江戸城を手に入れた!
ツライにゃ
新政府に不満を持つ士族と西南戦争を起こして敗れた…。
みんな大好き、西郷どん!
基本データ
実行力 ★★★ 人望 ★★★
人柄 ★★★
出身地：薩摩（現在の鹿児島県）
生没年：1827年～1877年（没年51才）
薩摩藩出身。坂本龍馬の仲立ちで長州藩と「薩長同盟」を結び、江戸幕府を倒した。戊辰戦争で活躍し、新政府では重要な政策を任されたが、「征韓論」を反対されたため政府から去った。その後、1877年に政府に不満を持つ薩摩の士族とともに新政府に対して西南戦争を起こすが、敗れて自害した。

あ、犬のお散歩おじさんにゃ。

ちょちょちょ、ネコ！ 西郷隆盛は明治維新で活躍した薩摩藩（鹿児島）の人で、維新三傑の1人にゃ！

大久保利通、木戸孝允、西郷隆盛が維新三傑にゃ。

え？ 芸術的な散歩ルートを発明した天才散歩アーティストじゃないにゃ？

そんな人いたら興味深いけど。上野に銅像がつくられたのは、**たくさんの偉業を成し遂げた人だから**にゃ。

仲の悪かった薩摩藩と長州藩とがタッグを組み、**薩長同盟**が実現したのは西郷のおかげにゃ。

幕府との戦い・**戊辰戦争**でも、薩長軍のリーダーとして大活躍。**江戸無血開城**も、西郷の決断があってこそ実現したにゃ。

知れば知るほど、すごい人にゃ！

多くの人に慕われる西郷だからこそ、できたことばかりにゃ。明治新政府でも大事な政策を進めたにゃ。

藩をやめて県を置く「**廃藩置県**」とか。

全ての国民が教育を受けることをめざした「**学制**」とか。

現代につながる政策だらけにゃ！ 長く明治政府を支えたにゃ？

ううん。韓国に鎖国をやめさせようとする**大久保利通**に反対された「**征韓論**」をきっかけに、西郷は政府を去って薩摩に戻ったにゃ。

薩摩で、さつまいもを食べて暮らしたにゃ？

いや、そんな穏やかな暮らしじゃなかったにゃ。

薩摩には、明治政府に不満を持つ士族たちがいて、士族に同情したのか、西郷は明治政府と戦うことになり…。結果、敗れて自害してしまうにゃ（**西南戦争**）。

明治政府のエライ人だったのに、人情に篤すぎにゃ…！

クイズ！

西郷隆盛が士族を率いて起こした戦いは？

□□戦争

【答え】西南（戦争）

江戸時代

大久保利通

新政府で、近代国家の基礎をつくった政治家

外国を視察した経験から、「富国強兵」をめざして政治をリード!

国を富ませ、軍を強くする!

スゴイにゃ

西郷隆盛らと江戸幕府を倒した!

悲しいにゃ

幼馴染で親友だった西郷隆盛と、最後は西南戦争で戦うことに…。

基本データ

知性 ★★★　先見性 ★★★

人望 ★★☆

出身地：薩摩（現在の鹿児島県）

生没年：1830年～1878年（没年49才）

明治維新で活躍した政治家。西郷隆盛たちとともに江戸幕府を倒したのち、明治政府の政治をリードして、新しい日本の国づくりを進めた。岩倉使節団としてヨーロッパやアメリカをめぐった経験をもとに「富国強兵」をめざし、官営工場を建てたり、軍隊を強化したりした。西南戦争では士族の反乱をしずめた。

大久保利通は、維新三傑の1人にゃ。西郷隆盛たちと江戸幕府を消滅させ、新政府をつくることに成功したにゃ。

江戸時代を終わらせた人のひげはやっぱり立派にゃ〜！

ひげは別に大事じゃないから気にしないでほしいにゃ。大久保は**新政府で国のしくみを整えた**んだけど、ここからはちょっと難しい話が続くからがんばってついてきてにゃ。

余裕にゃ！

まず、全国にあった藩をやめて県を置いたにゃ（**廃藩置県**）。これで政府の命令が全国に届くようにしたにゃ。

それに、外国を視察した経験のある利通は「**日本はもっと工業をさかんにして軍を強くする必要がある**」と考えたにゃ。これを「**富国強兵**」というにゃ。

マネーとパワー、これ強さの基本にゃ。

富国強兵をめざして、国が経営する**官営工場**をつくって近代的な産業を根付かせたり…

▼一曜斎国輝「上州富岡製糸場之図」

西洋を参考に、立派な工場をつくったにゃ！

土地の値段の3%を税としてお金を納めさせる「**地租改正**」を行ったりしたにゃ。

廃藩置県に富国強兵、地租改正。OKにゃ？

ばっちりOKにゃ！

で、結局ひげは、どうお手入れするにゃ？

もしかしてずっとそれを気にしてたにゃ…？

クイズ！

大久保利通が富国強兵のためにつくったものは？

①官営工場　②民営工場

③私営工場

【答え】①官営工場

これ知ってたら、大人の仲間入りにゃ。

西南戦争

新政府に不満を持つ薩摩の士族たちによる反乱にゃ。士族のリーダーは新政府を離れた西郷隆盛で、大久保利通ら新政府軍に鎮圧されたにゃ。じつは、大久保は西郷と幼馴染で、明治維新までともに歩んできた戦友だったにゃ。それでも最新の兵器と軍隊で、西郷たちの反乱を鎮めたにゃ。

幼馴染にも
手加減なしにゃ…。

殖産興業

日本に近代的な産業をつくって、国を強く豊かにするための政策にゃ。海外から機械を輸入して、国が運営する製糸工場（絹糸の工場）や鉄道などがつくられたにゃ。

▲一曜斎国輝「上州富岡製糸場之図」

版籍奉還・廃藩置県

1869年、全国の大名に対して土地と人民を天皇に返させた政策が版籍奉還にゃ。廃藩置県は、1871年、藩の代わりに県を置いた政策にゃ。明治政府が地方まで管理して、天皇中心の政治に切りかえるために行ったにゃ。

はじめは3府302県もあったにゃ。
そのあと、1888年には
北海道をのぞいて3府43県にまで
整理されたにゃ。

読めば歴史がもっと見えてくるにゃ！

オタネコの極秘レポート！

ネコカメラマンもついてきた！

OTANEKO GOKUHI REPORT

今回のテーマ

戊辰戦争

新政府軍（薩長軍）　VS　旧幕府軍

勝利

交渉役

大政奉還の2か月後の1868年に起きた、新政府軍と、旧幕府軍との争いにゃ。権力を奪われた旧幕府側が反発したことによる戦争で、新政府軍が勝利したにゃ。日本各地で争ったなかでも、2つの戦いは有名にゃ。

1868年　鳥羽・伏見の戦い（京都府）

戊辰戦争の最初の戦いにゃ。西洋の最新式の銃をつかった新政府軍が優勢だったにゃ。この戦いの後、勝ち目がないと悟った旧幕府側の勝海舟は「江戸無血開城」を提案したにゃ。

せっかく大政奉還したのに、結局戦いで決着をつけることになったにゃ…。

1869年　五稜郭の戦い（北海道・函館）

旧幕府軍は最後の反撃をしたけれど新政府軍の攻撃に敗れ、戊辰戦争は終結したにゃ。

NO.079

江戸時代

木戸孝允

明治維新の中心人物となった長州藩出身の政治家

命を狙われて「桂小五郎」から改名！

新政府の方針「五箇条の御誓文」をつくる！

ラッキーにゃ

池田屋事件では間一髪命拾いした！

スゴイにゃ

長州藩のリーダーとして江戸幕府を倒した！

かしこいにゃ

「五箇条の御誓文」の原案をつくった！

基本データ

知性 ★★★　運 ★★★

武力 ★★☆

本名：桂小五郎

出身地：長門（現在の山口県）

生没年：1833年～1877年（没年45才）

生きてて よかったにゃ～。

長州藩出身の政治家。命を狙われすぎて、桂小五郎から木戸孝允に名を変えた。新政府では廃藩置県を進めたり、「五箇条の御誓文」の原案をつくったりするなど、多くの政策を行った。アメリカやヨーロッパの視察後に西郷隆盛と対立。西南戦争の最中に病気で亡くなった。

維新三傑の最後の1人は、木戸孝允にゃ。**長州藩**の人にゃ。

木戸…幕末にそんな人いたにゃ？　あんまり有名じゃない人だったにゃ？

いや、逆にすごい有名人だったにゃ。幕末は**桂小五郎**って名前で活躍してたにゃ。

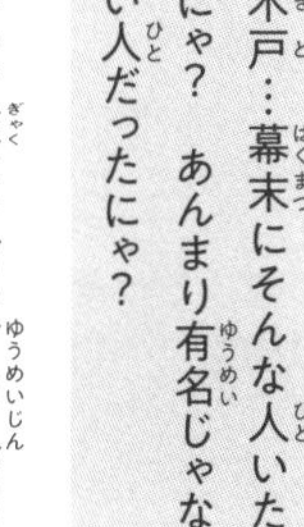

1人で2つの名前を持つにゃ！
木戸にゃ
桂にゃ
2人に見えるけどにゃ…。

「桂小五郎」が有名になりすぎて、幕末に旧幕府から指名手配されて追い回されてたにゃ。だから、別の名前で活動することになったにゃ。

指名手配されるほどの危険人物にゃ？

木戸は「**欧米の文明を取り入れて、日本を天皇中心の近代国家にしたい**」と思っている、能力の高い人物だったからにゃ。

追われるのは人気者だから、みたいなとこあるにゃ。

もちろん新選組にも追われていて、**池田屋事件**のときに木戸も集会に出席予定だったけど、**たまたま外出していて捕まらずに済んだ**にゃ。

◀P.195 池田屋事件

運も味方してるにゃ…！

その後、長州藩の政治リーダーとして西郷隆盛と**薩長同盟**を結んだのも木戸にゃ。

維新後は、新政府の方針**「五箇条の御誓文」**の原案を作ったにゃ！

五箇条の御誓文の内容

- 会議によって広く人々の意見を聞き大事にすること
- 知識を世界から広く取り入れること

などが書かれていたにゃ。

「にゃんこを好きになる」って方針も入れてほしいにゃ。

それは、入れるとしたら、1500条目くらいにゃ…。

クイズ！

木戸孝允の本名は？

①桂小五郎　②桂大五郎
③桂五郎

【答え】①桂小五郎

NO.080

江戸時代

岩倉具視

明治維新で活躍した公家出身の政治家

スゴイにゃ

幕府を倒すため王政復古の大号令を出した!

岩倉使節団を率いて欧米の文化に触れ、天皇中心の近代国家をめざす!

ツライにゃ

外国との不平等条約の改正交渉はできなかった…。

スゴイにゃ

岩倉使節団を結成し欧米を見学!

基本データ

知力 ★★★　先見性 ★★★

実行力 ★★★

出身地:京都(現在の京都府)

生没年:1825年~1883年(没年59才)

江戸幕府を倒すため「王政復古の大号令」を実現した公家(貴族)出身の政治家。明治政府の右大臣になり、日本の近代化と天皇制の確立に努めた。アメリカ・ヨーロッパを視察する「岩倉使節団」の全権大使として、各国の文化や制度を視察した。岩倉使節団はもともと外国との不平等条約の改正を交渉する目的もあったが、欧米との力の差は大きく、改正交渉はできなかった。

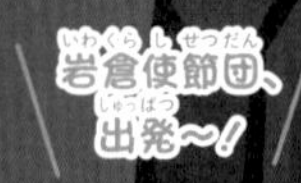

岩倉具視は**公家出身**の政治家にゃ。

公家って、貴族みたいなものにゃ？ 武士じゃないなら戦ったりはしなそうだけど、幕末に何したにゃ？

一番は大久保利通たちと、「**王政復古の大号令**」を出したことにゃ。

あ〜、旧幕府側と新政府側が主導権争いしたやつにゃ？

そうにゃ。ざっくりいうと、新政府側が江戸幕府の力を完全に消すために出したのが「王政復古の大号令」にゃ。

江戸幕府完全消滅にゃ…。

その後、明治政府で役職についた岩倉は、**アメリカやヨーロッパを視察する責任者**になったにゃ！

ちょっと視察に行ってくるにゃ。
遊ぶ気満々にゃ…！

どのくらい視察したにゃ？

期間は1年10か月くらい。宮殿や議会、工場、病院、学校、鉄道などあらゆるところを観たにゃ。

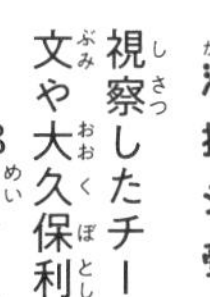

海外の進んだ技術にショックを受けたにゃ。

視察したチームは、伊藤博文や大久保利通、木戸孝允など48名で、**岩倉使節団**と呼ばれたにゃ。

山口尚芳
伊藤博文
岩倉具視
木戸孝允
大久保利通

▲岩倉使節団

具視と、ともに見に行ったわけにゃ…。

偶然かもしれないけどダジャレみたいになってるにゃ。

ねらったにゃ！

ダジャレ確信犯…

クイズ！

岩倉具視の欧米使節団にいたのはだれ？
①西郷隆盛 ②勝海舟
③大久保利通

【答え】③大久保利通

まとめクイズ！ MATOME QUIZ

まとめQ1

▼マダム・ザ・王様

マダム・ザ・王様が、幕末の人物たちの政治を学んで一言にまとめたにゃ。1～6はそれぞれどの歴史上の人物か、下の6人の中から選んでほしいにゃ。

1 強すぎる外国とケンカはムリ！日米修好通商条約で不平等に耐える！

2 薩摩と長州、仲良く同盟を組ませよう！新しい日本をめざせ！

3 外国に対抗！近代的な海軍を育てた海軍の父！

4 薩長同盟も、江戸無血開城もこの人あればこそ！

5 剣の腕はピカイチ！新選組局長にのし上がる！

6 国を富ませ軍を強く！官営工場で日本を豊かに！

坂本龍馬

井伊直弼

勝海舟

大久保利通

近藤勇

西郷隆盛

全問正解したら完全勝利にゃ！　全部まちがえたら…何度でも186ページから出直してくればいいにゃ！

まとめQ2

江戸（幕末）〜明治（維新）時代の歴史の年表を完成させたいにゃ！
［　　］に当てはまる名前を入れるにゃ。

時代	年	人物とできごと
江戸（幕末）	1853	1［　　］が浦賀（神奈川県）に来航し開国を求める。
	1854	1が再び来航し、日米和親条約を結ぶ。
	1858	大老の井伊直弼が日米修好通商条約を結ぶ。
	1859	安政の大獄により2［　　］らが処刑される。
	1860	桜田門外の変で井伊直弼が暗殺される。
	1866	西郷隆盛と3［　　］が薩長同盟を結ぶ。
	1867	4［　　］が大政奉還を行う。
明治（維新）	1868	戊辰戦争が始まる。江戸城が無血開城される。
	1869	版籍奉還が行われる。
	1871	欧米を視察するため5［　　］率いる岩倉使節団が派遣される。廃藩置県が行われる。
	1877	西南戦争が起こる。西郷隆盛が自決する。
	1878	大久保利通が暗殺される。

答えQ1 1井伊直弼　2坂本龍馬　3勝海舟　4西郷隆盛　5近藤勇　6大久保利通
Q2 1ペリー　2吉田松陰　3木戸孝允　4徳川慶喜　5岩倉具視

次は明治時代以降（政治）にゃ！

近代的な国家をめざす！
明治時代以降
～明治時代以降の政治～
【1868年～】

明治時代の新しい政府は、アメリカやヨーロッパに学び、近代的な政治のしくみづくりを進めたにゃ。

廃藩置県、富国強兵、地租改正にゃ！

ネコ!?　突然かしこさが限界突破してるにゃ！

大久保利通のところで呪文のように覚えたにゃ。

じゃあ、意味もカンペキにゃ？

それは、また別の話にゃ。

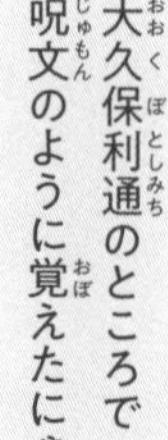

何度でも読み返すといいにゃ。

憲法をつくる！

日本はドイツを参考に**「大日本帝国憲法」**をつくったにゃ。

今の憲法とは全然ちがう内容だったにゃ。

国会もつくる！

さらに、国民の意見を聞いて政治をしよう！という運動が起き、**国会**も開いたにゃ。

中国やロシアとの戦争 国際的な地位が上がる

近代化を進めた日本は、お隣の国との戦争を経験するにゃ。

●1894年
中国の清との日清戦争

●1904年
ロシアとの日露戦争

2つの戦争に勝った日本は、江戸時代に結んでいた不平等な条約を改めることができたにゃ。

陸奥宗光 P.224

小村寿太郎 P.226

ただ、日露戦争は被害も大きくて、国民の不満もたまったにゃ。

大正

普通選挙が実現

1925年、25才以上の男性の普通選挙権が認められたにゃ。

昭和

世界大戦で敗れる

昭和に入り、日本は生活が苦しくなって「ほかの国へ攻めこんで景気をよくしよう」という考えが強まるにゃ。

それはよくないことにゃ…。

日本は中国に攻めこみ、多くの国と対立。アメリカなどに対して太平洋戦争を起こしたけれど、負けてしまうにゃ。

広島・長崎に原爆を投下され、たくさんの人が犠牲になったにゃ…。

▲原爆投下後の広島

民主国家に向けて

戦後の日本は、民主主義の国をめざして改革を進めたにゃ。そして、平成・令和と続いてきたにゃ。

吉田茂 P.238

詳しく歴史人物を見ていくにゃ!

NO.081

明治以降

明治天皇

近代国家の君主として中心的役割を果たす！

天皇として強い権力を持ち、日本の近代化と西洋化を進める！

スゴイにゃ 五箇条の御誓文を出した！

カリスマにゃ 大日本帝国憲法の発布を行い、国の統治者となった！

スゴイにゃ 首都を京都から東京に移した！

基本データ

知力 ★★★　統率力 ★★★

近代化力 ★★★

出身地：京都（現在の京都府）

生没年：1852年～1912年（没年61才）

1867年、16才で天皇に即位。新たな日本の政治方針として「五箇条の御誓文」を神に誓うかたちで示した。また、首都を京都から東京に移し、年号を明治に変更。1889年に大日本帝国憲法を発布して、立憲国家のしくみを整えた。清（中国）との日清戦争や、ロシアとの日露戦争では勝利をおさめた。

明治天皇は、明治時代の天皇にゃ。

そのまんまにゃ！

天皇が代わるときに年号も変わるから、年号と天皇は大体セットにゃ。

明治、大正、昭和、平成、で2024年の今は、令和の天皇の時代にゃ。

令和の天皇の、ひいひいおじいさんってことにゃ？

そうにゃ。明治天皇は、明治政府の方針として**「五箇条の御誓文」**を神に誓うかたちで示したにゃ。

五箇条の御誓文…木戸孝允が案を考えた方針にゃ！

あとは、京都から東京（もとは江戸）に首都を移したにゃ。

江戸城を皇居にしたにゃ！

新しい時代の天皇って感じがするにゃ！服も髪型も今っぽいし。

国民の手本として、西洋文化を取り入れてたそうにゃ！

そしたら、天皇が政治も進めてたにゃ？

いや、政治は基本、**大久保利通**や**伊藤博文**などが実行していたにゃ。でも明治時代にできた**大日本帝国憲法**では、天皇は**「国の統治者」**と定められていたにゃ。

やっぱりすごい力を持っていたにゃ！きっとアイスもチョコも食べ放題にゃ！

食べ放題ではなかったと思うにゃ。たぶん。

かなしいにゃ…。

明治天皇は、統治者として政治の実行を**許可する立場**だったにゃ。清（中国）との**日清戦争**や、ロシアとの**日露戦争**も、明治天皇は気が進まなかったらしいけれど実行を許可して、結果的には勝利をおさめたにゃ。

近代的な国家にするため力を尽くした天皇にゃ。

クイズ！

明治天皇が皇居にした場所は？

①江戸城
②大阪城
③姫路城

【答え】①江戸城

大隈重信

日本で初の政党内閣をつくった政治家

基本データ

知力 ★★★　行動力 ★★★

忍耐力 ★★★

出身地:肥前(現在の佐賀県)

生没年:1838年~1922年(没年85才)

佐賀出身の政治家。国会の開設をめぐって伊藤博文と対立し、政府を追放されたが、あきらめることなく立憲改進党を1882年に結成。その後、内閣総理大臣となって日本初の政党内閣を組織した(明治から大正にかけて2度も内閣総理大臣を務めた)。優秀な人材を育てるため、早稲田大学を創設した。

大隈重信は、**早稲田大学**の創設者にゃ。

大クマ？

隈、にゃ。

なにより、**自由民権運動**で活躍した政治家にゃ！

自由民権運動ってことは、自由に生きたい派の人にゃ？

自分の自由じゃなくて、**国民の権利のための運動**にゃ。当時の明治政府では、幕末に活躍した旧薩摩・長州藩出身者たちばかりが力を持っていたにゃ（藩閥政治）。

幕末の力関係、思いっきり引きずってるにゃ。

そうやって一部の人だけが政治に参加することに不満だった大隈は、**国民の意見がちゃんと反映される「国会の開設」をめざした**にゃ。

イギリス流の政治をめざしたにゃ。

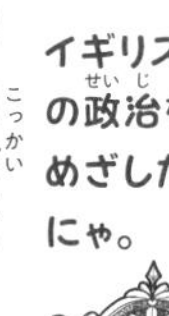

でも、国会をつくるのに反対だった**伊藤博文**と対立して、政府を追放されてしまうにゃ。

負けてる！　追放されちゃったら何もできないにゃ！

そこであきらめないのが大隈のすごいところにゃ。**立憲改進党**っていう政党をつくったにゃ。

政党とは、同じ政治的な考え方を持つ人たちの集まりのことにゃ。

途中、過激派に襲われて右脚の約3分の1を切断する大事故にも遭ったけれど…、

脚を切断!?　それは大変にゃ！

事故にもめげず、その後、**板垣退助**と協力して政党内閣をつくり、**内閣総理大臣**になったにゃ。

薩摩・長州の出身者以外で初めての総理大臣にゃ。

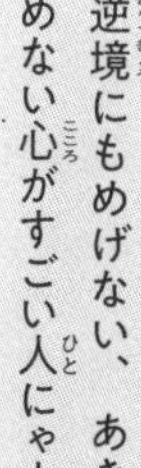

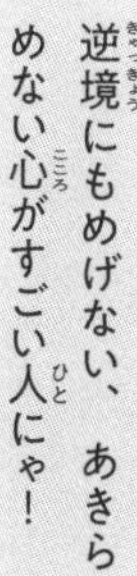

逆境にもめげない、あきらめない心がすごい人にゃ！

クイズ！

大隈重信がつくった政党は？
①自由党　②立憲改進党
③立憲自由党

【答え】②立憲改進党

NO.083

明治以降

板垣退助

自由民権運動を指導した政治家

基本データ

攻撃力 ★★★
カリスマ性 ★★★
ピュア度 ★★★
出身地：土佐（現在の高知県）
生没年：1837年〜1919年（没年83才）

土佐（高知県）出身の政治家。大政奉還後の戊辰戦争で軍人として活躍。「征韓論」を主張していたが、意見の食い違いで政府を去る。薩摩や長州出身の政治家ばかりが力を持つ明治政府に反対して、「自由民権運動」を始めた。日本初の政党「自由党」をつくったのち、議会（国会）の開設後は大隈重信と憲政党を結成。政党内閣を組織した。

板垣退助は、**自由民権運動**を起こした政治家にゃ。

なんとか運動…さっき聞いた気がするけど…ラジオ体操みたいなものにゃ？

海と山くらいちがうにゃ。一部のえらい人だけじゃなくて、**国民の意見を政治に取り入れられるようにしよう！**っていう運動にゃ。

大隈重信もしてた運動にゃ。

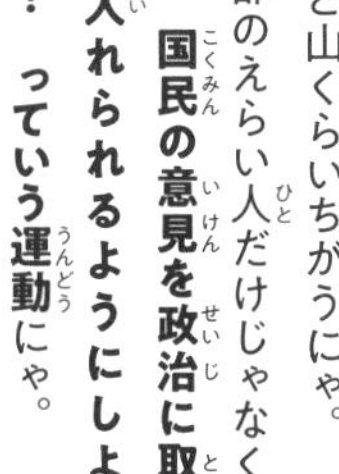

板垣は、国会を開くことと、市民の権利を守る憲法をつくることをめざしたにゃ。

すぐ実現したにゃ？

すぐってわけには…。板垣は「**民撰議院設立の建白書**」を提出したりして、政府に「**10年後に国会を開く**」と**約束させた**にゃ。

10年後の約束…信じて待つにゃ。

なんで10年も先にゃ!?

まあまあ、ついこの間まで江戸時代だった国にゃ。近代的な体制を整えるには準備が必要だったにゃ。

待つ間に、板垣も日本初の政党「**自由党**」をつくって準備したにゃ。

準備、順調すぎにゃ。

つまずいたこともあったにゃ。暴漢に襲われたり。

それつまずくどころの話じゃないにゃ!?

そのときの名言「**板垣死すとも自由は死せず！**」で、結果的に板垣は全国的に有名になったにゃ。

かっこいいセリフ！まるでヒーローにゃ！

実は本人の言葉じゃなく、記者が書いただけらしいけどにゃ。

その後、国会がついに開かれ、板垣は**大隈重信**と日本初の政党内閣をつくったにゃ。

クイズ！

板垣退助が進めた政治的運動といえば？

□□□□運動

【答え】自由民権（運動）

NO.084

明治以降

伊藤博文

大日本帝国憲法の草案を書いた初代内閣総理大臣

スゴイにゃ
日本の近代化を進めた!

初代内閣総理大臣として、天皇中心の政府をつくり上げる!

スゴイにゃ
大日本帝国憲法の草案をつくった!

史上初にゃ
日本で初めての内閣総理大臣!

基本データ

語学力 ★★★　行動力 ★★★
柔軟性 ★★★

出身地：周防（現在の山口県）
生没年：1841年～1909年（没年69才）

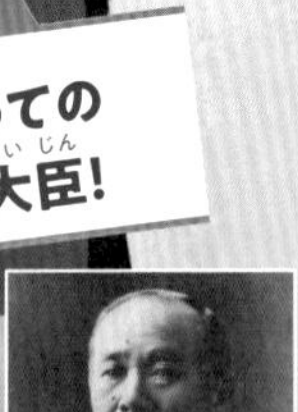

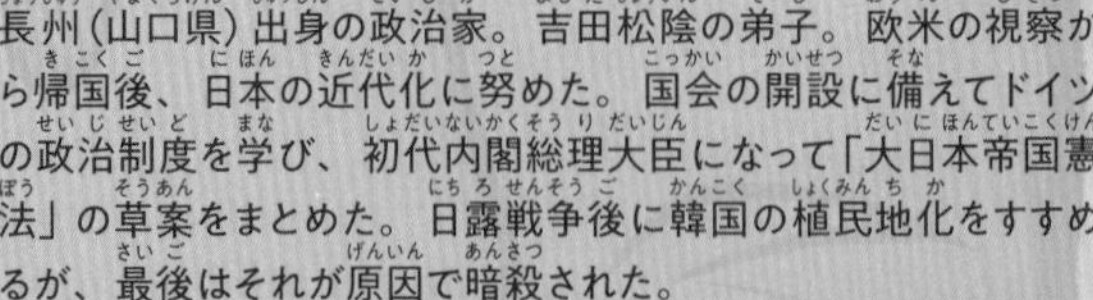

長州（山口県）出身の政治家。吉田松陰の弟子。欧米の視察から帰国後、日本の近代化に努めた。国会の開設に備えてドイツの政治制度を学び、初代内閣総理大臣になって「大日本帝国憲法」の草案をまとめた。日露戦争後に韓国の植民地化をすすめるが、最後はそれが原因で暗殺された。

伊藤博文って聞いたことあるにゃ。たしか、幕末に誰かの弟子だったにゃ？　なんて漫才師だったにゃ？

漫才師に弟子入りしてないにゃ！　**吉田松陰**の、**松下村塾**の塾生だったにゃ！

身分が低くて、塾の講義も最初は立ち聞きしてたらしいにゃ。

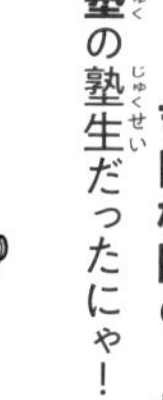
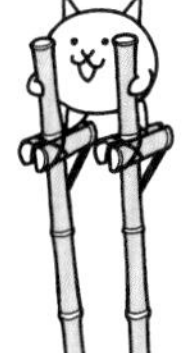

で、その後すごく出世したにゃ？

明治政府で**日本初の内閣総理大臣**になってるから、その通りにゃ。

日本初！なんかすごいにゃ！

なんかすごいに同感にゃ。

伊藤は、近代的な国の体制は整えつつも、**天皇を中心にした政治体制を慎重につくるべき**と考えていたにゃ。

石橋をたたいて渡るタイプにゃ。

国会開設を急ぐ板垣退助とは**「10年後に国会を開く」**と約束して、その10年の間に**ドイツ**を中心に欧米の制度を学んだにゃ。

なんで急にドイツにゃ？

ドイツは、伊藤が理想とする国の形に近かったにゃ。**皇帝の力が強い憲法と強力な軍隊を持っていたから**にゃ。

ソーセージが好きだったからかと思ってたにゃ。

伊藤は帰国してすぐに**大日本帝国憲法**の草案をつくったにゃ。この憲法は**天皇の力が強く**、**国会の力が弱いもの**だったにゃ。

今の憲法とは全然ちがうにゃ。

とにかく天皇が一番えらかったにゃ。

そして内閣をつくって国会を開設し、日本初の内閣総理大臣になったにゃ！

計4回、総理大臣を務めたにゃ。

4回も!?

クイズ！

伊藤博文が憲法をつくるときに参考にした国は？

□□□

【答え】ドイツ

NO.085

明治以降

陸奥宗光

領事裁判権の撤廃を成功させた外務大臣

不平等条約の改正に、トクイの外交手腕が光る!

スゴイにゃ
坂本龍馬の右腕となる!

やり手にゃ
日清戦争後の下関条約を結んだ!

スゴイにゃ
領事裁判権を撤廃させた!

基本データ

外交力 ★★★　知力 ★★★

行動力 ★★★

出身地:紀伊(現在の和歌山県)

生没年:1844年~1897年(没年54才)

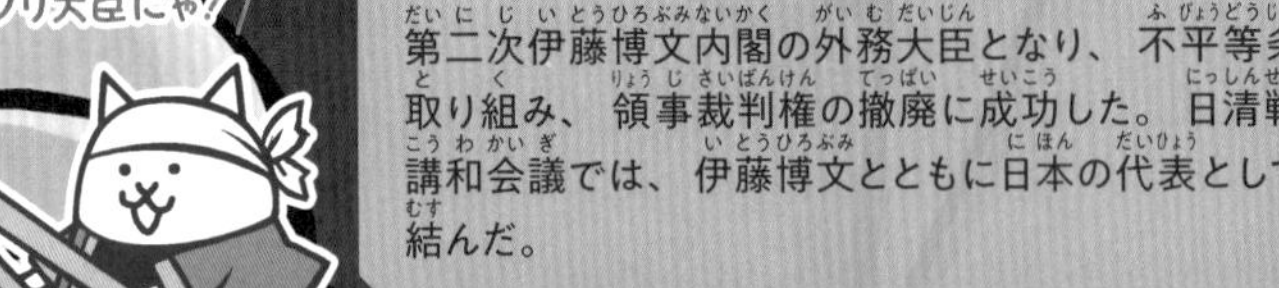

キレッキレのカミソリ大臣にゃ!

第二次伊藤博文内閣の外務大臣となり、不平等条約の改正に取り組み、領事裁判権の撤廃に成功した。日清戦争後の下関講和会議では、伊藤博文とともに日本の代表として下関条約を結んだ。

鎖国が終わったとき、日本が外国と結んだ2つの不平等条約を覚えてるにゃ？

えーと…「ピザもケーキも必ず一番小さいやつになる」にゃ？

それもだいぶ不平等だけど、ちがうにゃ。
- **輸入品にかける税金を決められない（関税自主権がない）**
- **外国人の罪を日本の法律では裁けない（領事裁判権を認める）**にゃ。

ま、そういう説もあるにゃ。

そういう説しかないけどにゃ…。陸奥は、抜群の交渉力で、そのうちのひとつ、**領事裁判権の撤廃をイギリスに認めさせた外務大臣**にゃ。

すごいにゃ！ でもどうやって交渉したにゃ…？

当時、イギリスはロシアと対立していたにゃ。陸奥は、日本がロシアではなくイギリス側に協力することを交換条件に、イギリスとの条約を改正したにゃ。

イギリスが条約改正をしたから、ほかの国も続々と改正に応じていったにゃ。

日本のみんなもきっと喜んだにちがいないにゃ。

数々の不平等条約を改正した、有能な陸奥は「**カミソリ大臣**」と呼ばれて褒められたにゃ。

日清戦争に日本が勝ったとき、日本にとって有利な条件を引き出して、**下関条約**に調印したのも陸奥にゃ。

クイズ！

陸奥宗光が改正した不平等な条約は？
①領事裁判権 ②関税自主権 ③地租改正

【答え】①領事裁判権

基本データ

外交力 ★★★　判断力 ★★★

知力 ★★★

出身地：日向（現在の宮崎県）

生没年：1855年～1911年（没年57才）

明治時代の外交官。外務大臣として日英同盟を結び、日露戦争に勝利した後のポーツマス講和会議では、日本の代表としてポーツマス条約を結んだ。関税自主権を回復させ、不平等条約の改正に成功した。

不平等条約のひとつ、領事裁判権が撤廃された後、残った**もうひとつの不平等をなくした**のが外務大臣・小村寿太郎にゃ！

残ったもうひとつの不平等って言うと…「ケーキ必ず一番小さいやつになる」にゃ？

何度も言うけどちがうものはちがうにゃ…！**関税自主権、つまり輸入品に自由に税金をかける権利を回復したにゃ！**

それはなんとなく、すごそうな雰囲気にゃ。
雰囲気だけでも伝わってよかったにゃ。

輸入品にかける税金（関税）を、外国のいいなりで決められていたら、日本の経済がうまくいかないからにゃ。

じゃあ小村のがんばりで、やっと日本は欧米と対等な関係になれたにゃ？

そうにゃ。小村はほかにも、イギリスと**日英同盟**を結んだり、ロシアとの戦争（**日露戦争**）に日本が勝ったときの**ポーツマス条約に調印**したり、たくさん活躍したにゃ。

でも…、小村は国民から嫌われてたにゃ。
さらっと悲しい情報！

日露戦争に勝ったはずなのに、**ロシアから賠償金がとれなかった**ことに国民は怒っていたからにゃ。

勝ったのに賠償金なしなんて、交渉ヘタすぎにゃ？

実のところ、これ以上戦争を続けたくないのは日本のほうだったにゃ。

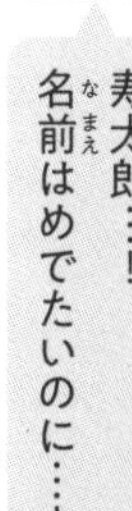

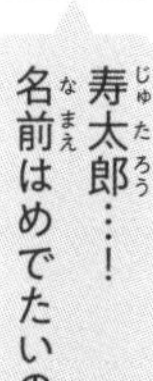

日本ははじめは勝てそうだったけど…これ以上戦ったら負けるにゃ…！

でも、それを知らない国民は、**弱腰外交**といって批判したにゃ。小村の家には石が投げこまれたり、政府官邸や新聞社をおそう**日比谷焼討ち事件**も起きたりしたにゃ。

寿太郎…！名前はめでたいのに…！

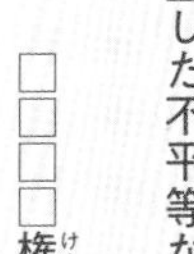

クイズ！

小村寿太郎が改正した不平等な条約は何？

□□□□権

【答え】関税自主（権）

NO.087

明治以降

日露戦争を勝利に導いた海軍大将

東郷平八郎

日露戦争で、世界最強といわれたバルチック艦隊を破る！

基本データ

攻撃力 ★★★　統率力 ★★★

武力 ★★★

出身地：薩摩（現在の鹿児島県）

生没年：1847年～1934年（没年88才）

明治から昭和にかけての軍人。戊辰戦争では薩摩藩の海軍に入り、旧幕府軍と戦った。明治維新後は政府の海軍に入り、日清戦争の戦いで活躍し、日露戦争ではロシアのバルチック艦隊を破って日本を勝利へ導いた。

東郷平八郎は、元大日本帝国の海軍大将にゃ。

イギリスで航海術を学び、日清戦争で活躍して連合艦隊司令長官になったにゃ。

軍人さんにゃ？ ちょっと強そうにゃ…。

確かに、東郷は半端じゃないにゃ。なんせ日露戦争で、世界最強といわれたロシア海軍の**バルチック艦隊**と戦ったにゃ。

世界最強の艦隊と⁉ 勝ち目ゼロにゃ…！

ところが、東郷は見事な作戦でバルチック艦隊を倒して、日本を勝利に導いたにゃ！

東郷が用いた、敵の目前でくるっと方向転換する戦法はのちに「東郷ターン」と呼ばれたにゃ。

それって、もしかしてすごいことにゃ？

もちろんにゃ！ 当時世界の中でも強国だったロシアの最強艦隊を、アジアの小さな国の海軍が倒したにゃ！

ヒーロー感がすごいにゃ…！

ロシアの脅威におびえていたトルコでは、日本の勝利をたたえ、生まれた子どもに**「トーゴー」**と名づける人が続出したほどにゃ。

そこまで強い相手、戦ってみたいにゃ。じゃんけんで。

勝ち目あるにゃ。じゃんけんなら。

東郷は死後に、軍神として**東郷神社**にまつられたにゃ。東郷の活躍にあやかって、勝運の御利益があるとされているにゃ。

ちょっとお参り行ってくるにゃ。じゃんけん勝負の前に。

じゃんけんにもご利益…きっとあるにゃ。

クイズ！

東郷平八郎が日露戦争で戦った、ロシアの艦隊は？

□□□□□□艦隊

【答え】バルチック（艦隊）

これ知ってたら、大人の仲間入りにゃ。

ノルマントン号事件

１８８６年、日本の紀州沖でおきた海難事件にゃ。イギリスの貨物船ノルマントン号が難破したとき、イギリス人の船員は救助されたのに、日本人乗客は救助されず亡くなったにゃ。でも当時、日本はイギリスに領事裁判権を認めていたから、イギリス人の船員らは無罪になり、日本国民から不満の声があがったにゃ。

不平等を実感する事件だったにゃ。

韓国併合

１９１０年から１９４５年まで、日本が朝鮮（当時の大韓帝国）を植民地として支配したことにゃ。日本の支配に対する朝鮮の人々の抵抗は強かったけれど、第二次世界大戦で日本が敗れるまで、日本の支配は続いたにゃ。

初代内閣総理大臣の伊藤博文も韓国の支配にかかわっていたにゃ。

伊藤博文 P.222

第一次世界大戦

ドイツを中心とする国々と、イギリスを中心とする国々による世界戦争にゃ。きっかけは、オーストリアの皇位継承者夫妻が、セルビア人に暗殺されたことだったにゃ。１９１４年から始まった4年間の戦争で、世界中でたくさんの死者が出たにゃ。

日本はイギリス側で参戦し、中国に武力で進出したため、中国の人々から強い反発を受けたにゃ。

読めば歴史がもっと見えてくるにゃ!

オタネコの極秘レポート!

OTANEKO GOKUHI REPORT

今回のテーマ

第二次世界大戦

日本
ドイツ
イタリア
などの枢軸国

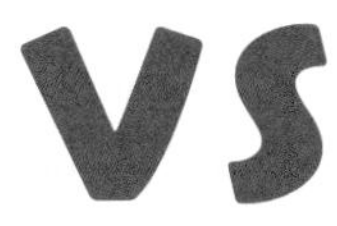

アメリカ
イギリス
中国
などの連合国

日本は第二次世界大戦でアメリカ、イギリス、中国などの連合国と戦ったにゃ。最初日本は勝っていたけど、アメリカの反撃で戦況が悪くなると人々の生活もしめつけが厳しくなって、食べ物が自由に買えなくなったり、学校でも戦争の訓練などをするようになったにゃ。日本じゅうの街が空襲で焼け野原になり、アメリカ軍が上陸した沖縄では県民60万人のうち12万人以上が亡くなったにゃ。1945年8月6日には広島、8月9日には長崎に原子爆弾も落とされたにゃ。この戦争で、300万人以上の日本人が亡くなったにゃ。

▲広島に投下された原子爆弾

1945年に敗戦した日本は、この戦争の悲しみをくり返さないよう、再び歩みはじめたにゃ。

画像出典:the National Archives and Records Administration

明治以降

新渡戸稲造

世界に日本の考え方を紹介した教育者

グローバルにゃ
著作の『武士道』が世界でベストセラーに!

太平洋のかけ橋になる!

スゴイにゃ
旧5千円紙幣の顔になる!

スゴイにゃ
国際連盟の事務局次長となり、国際舞台で活躍!

昔の5千円札の人にゃ。

小判

基本データ

国際性 ★★★　語学力 ★★★

奉仕性 ★★★

出身地：陸奥(現在の岩手県)

生没年：1862年～1933年(没年72才)

教育者。札幌農学校でクラークに影響を受け、キリスト教徒になる。アメリカとドイツに留学したのち、日本の考え方と文化を海外に紹介する『武士道』を書き、世界的ベストセラーとなる。国際連盟の事務局次長となり、日本と世界をつないだ。

新渡戸稲造は、旧**5千円札**の顔だった人物にゃ。

お札の顔でメガネが似合ってるランキング堂々の1位の人にゃ？

そんなランキング初耳にゃ。新渡戸は**東京女子大学**の初代学長になった教育者で、**『武士道』**という本を書いたことで世界的に有名にゃ！

東京の女の子に、武士道を教えた人、と…。

混ぜないでにゃ！『武士道』はむしろ**海外に向けて、日本の文化や精神を紹介する本**にゃ。

英語で書いて、アメリカで出版した本にゃ。

新渡戸はキリスト教徒だったんだけど、海外の国々とちがって日本人の道徳心の源は宗教ではなく「武士道」の精神だと気づいたにゃ。

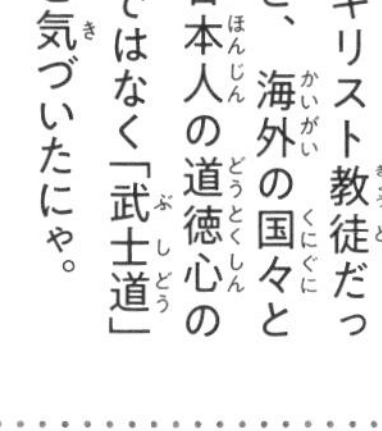

仁・義・礼・勇・誠・名誉・忠義を重んじるのが武士道にゃ！

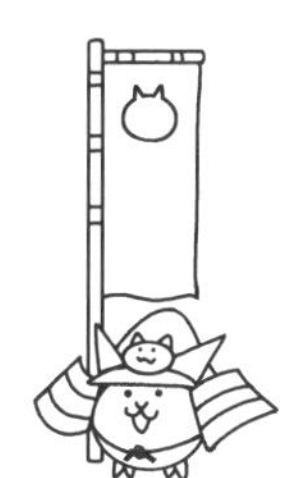

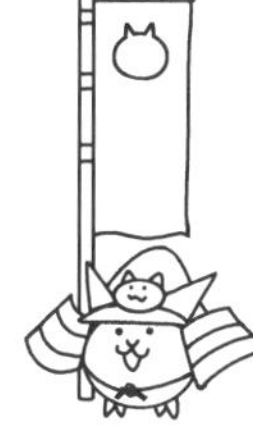

敵でも味方でも卑怯なことはしない、フェアプレーの精神にゃ。

武士じゃなくても大事なことにゃ。

世界でとっても注目されて、ベストセラーになったにゃ。

なんだかあれにゃ。国際派のにおいがする人にゃ。

さすがネコ、正解にゃ。

当時、**第一次世界大戦**を経て、世界平和を守るために**国際連盟**っていう組織がつくられたんだけど、その**事務局次長**になったにゃ。

次長って、えらいにゃ？

もちろんにゃ。重要なポジションで**「太平洋のかけ橋」**になり、国際平和を実現しようとしたにゃ。

でも日本は、軍事に重きを置いて、国際社会から孤立していったにゃ…。

クイズ！

新渡戸稲造が書いた本の名前は？

①『騎士道』②『武士道』③『剣道』

【答え】②『武士道』

弥生 飛鳥 奈良 平安 鎌倉 室町 安土桃山 江戸 **明治以降**

No.089

明治以降

田中正造

足尾銅山の鉱毒問題と戦い続けた政治家

銅山から出る毒に苦しむ人々を救いたい！

かわいそうにゃ

国会で訴えるも聞き届けてもらえず…。

ツライにゃ

最期に持っていた物は、聖書と小石だけ…。

負けるにゃ

天皇に直訴するが失敗…。

基本データ

正義感 ★★★　実行力 ★★★

意志の強さ ★★★

出身地：下野（現在の栃木県）

生没年：1841年～1913年（没年73才）

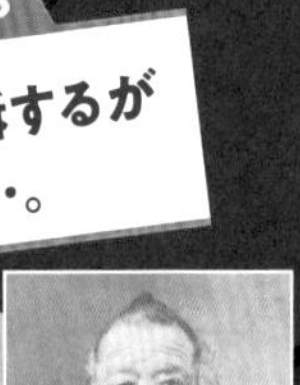

政治家。自由民権運動を行ったのち、衆議院議員となった。足尾銅山の鉱毒問題に取り組み、国会で訴えたが相手にされなかった。天皇への直訴に失敗したが、その後も村民とともに鉱毒問題を訴え続け、幸徳秋水らの助けもあり、反対運動は大きくなっていった。

最期まであきらめないにゃ！

田中正造は、日本初の**公害問題**である**足尾鉱毒事件**と、一生をかけて戦い続けた政治家にゃ。

足尾鉱毒事件って何にゃ？

銅を掘っていた足尾銅山から、有害な成分を含む鉱毒水が渡良瀬川に流されたことで、水や土地が汚染されてしまった事件にゃ。

水と土が!? それはひどすぎにゃ…！ すぐに銅掘るのやめなきゃダメにゃ…！

田中は国会で足尾銅山の営業停止を求めたにゃ。でも、誰も耳を貸さなかったにゃ。

な、なんでにゃ!!

明治の初め、日本は世界で戦える国になるために、**富国強兵**をかかげて産業の発展をめざしていたにゃ。だから、国内一の生産量をほこる足尾銅山を停止させるなんてぜったい嫌だったにゃ。

国会に腹を立てた田中は議員を辞め、そして、**明治天皇に直訴**したにゃ。

直訴って、直接頼むってことにゃ？ 天皇にそんなことできるにゃ？

基本、できないにゃ。田中は明治天皇の馬車に突然駆け寄って、直訴状を手渡そうとしたにゃ。

おこづかいアップの直訴は…
却下にゃ。

最終手段感がすごいにゃ！

命がけの直訴は取り押さえられ失敗に終わったけれど、この事件をきっかけに反対運動が広がっていったにゃ。

田中は全財産を使い果たし、亡くなるときに持ってたのは聖書と小石だけにゃ…。

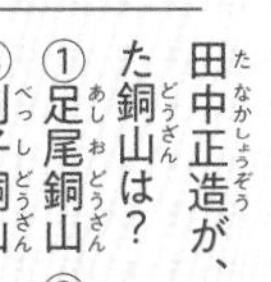

クイズ！

田中正造が、鉱毒問題でたたかった銅山は？

①足尾銅山 ②日立銅山
③別子銅山

【答え】①足尾銅山

NO.090

明治以降

原敬

本格的な政党内閣をつくった平民宰相

初の平民出身の内閣総理大臣として、政治に新しい風を！

新聞記者から政治家に転身！

ツライにゃ

普通選挙法を拒否して非難を浴びた…。

スゴイにゃ

初の平民出身の総理大臣！

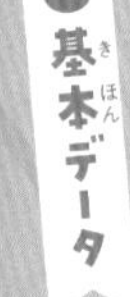

平民バンザイにゃ！

基本データ

知性 ★★★　現実主義 ★★★

粘り強さ ★★★

出身地：陸奥（現在の岩手県）

生没年：1856年～1921年（没年66才）

大正時代に総理大臣を務めた政治家。立憲政友会に入り、のちに総理大臣として本格的な政党内閣をつくった。薩摩・長州藩出身ではなく、華族階級の出身でもない初めての総理大臣で、平民宰相と呼ばれた。政策が反感を買い、東京駅で暗殺された。

原敬は総理大臣になった人だけど、**それまでの総理大臣とはちがうこと**があったにゃ。

わかった、名前が2文字にゃ。

それもそうだけど。それまではみんな明治維新で活躍して爵位を持っていた人たちだったけど、原は**平民出身**だったにゃ。

庶民から総理大臣…！　夢のある出世人生にゃ！

立憲政友会という政党に入っていた原は、総理になるとほとんどの大臣を立憲政友会から選んで、本格的な**政党内閣**をつくったにゃ。

ええ!?　総理と同じ政党の人で内閣をつくるってことは…！　どういうことにゃ？

総理と考えが似ている人が多いってことだから、政策の議論が進みやすいにゃ。

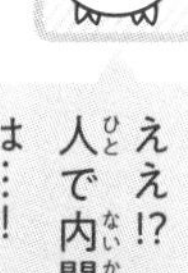

旧薩摩・長州藩出身者ばかりが力を持つ**藩閥政治**に不満がたまり、国民の自由と権利を求める**自由民権運動**が盛り上がっていた時期だから、**平民出身の総理大臣の誕生に国民は大喜び**だったにゃ。

でも、最終的には国民に嫌われまくって**暗殺されたにゃ**。

ジェットコースター並みの人気ダウンにゃ…！
何があったにゃ？

国民が待ち望んでいた**普通選挙法**に反対したにゃ。原は「選挙ができるほど国民がまだ政治的に成熟していない」と考えていたから、もっと時間をかけたかったにゃ。

庶民から総理大臣、国民のスターから嫌われ者になり最後は暗殺…5本くらい映画がつくれそうな人生にゃ。

クイズ！

原敬につけられたあだ名は？
①華族宰相　②貴族宰相
③平民宰相

【答え】③平民宰相

明治以降

吉田茂

戦後の日本の政治の土台をつくった政治家

第二次世界大戦で敗戦した日本の民主化を進める！

戦後GHQの指示に従い民主化を進めた！

ツライにゃ

「ばかやろー」という失言で衆議院を解散…。

スゴイにゃ

アメリカとサンフランシスコ平和条約を結んだ！

たまたまマイクが「ばかやろー」を拾っちゃったにゃ。

基本データ

外交力 ★★★　実行力 ★★★

ワンマン度 ★★★

出身地：東京都

生没年：1878年～1967年（没年90才）

政治家。第二次世界大戦後に、総理大臣としてＧＨＱの指示に従い日本の民主化を進めた。サンフランシスコ平和条約や日米安全保障条約を結ぶなど、戦後日本の体制のわく組みをつくり、日本の再建に尽くした。

第二次世界大戦で日本が敗れた後の首相が、吉田茂にゃ。

負けた後…なんとも厳しそうな状況にゃ。

まあ、あまり楽しい状況ではなかったと思うにゃ。**アメリカの占領下**になって、**GHQ**（連合国軍最高司令官総司令部）の**マッカーサー**の指示に従う必要があったにゃ。

▼マッカーサー

でも言いなりになるだけじゃ、植民地になってしまうにゃ…。

ど、どうしたらいいにゃ…！

吉田は、**日本国憲法**を制定したりして民主化を進めることにしたにゃ。

国際社会に、「自力で民主的な国に生まれ変わるから、誰かに管理してもらわなくても大丈夫」ってアピールしたにゃ。

結局、うまくいったにゃ？

もちろん急激な変化に国内での反発もあったんだけど、**「ワンマン政治家」**の吉田は反対を押し切って、戦争中は敵国だった48か国と**サンフランシスコ平和条約**を結んだにゃ。

仲直り完了ってことにゃ？

そういうことにゃ。仲直りが完了したから、アメリカが日本を占領している理由もなくなって、**独立国としての主権を回復した**にゃ！

ただし、沖縄・奄美諸島・小笠原諸島は、引き続きアメリカの管理下に置くことになったにゃ。

あれ？　でも、今も日本にアメリカ軍基地があるにゃ？

それは、**日米安全保障条約**を結んで、独立後もアメリカ軍が日本に駐留すると決めたからにゃ。

それでも、戦後の日本がいちはやく立ち直れたのは、民主化を推し進めた吉田の功績にゃ！

国会でうっかり出た「ばかやろー」という発言が問題になったエピソードもあるにゃ。

発言には注意にゃ！

クイズ！

吉田茂が結んだ条約は？

□□□□□□□□平和条約

【答え】サンフランシスコ（平和条約）

まとめクイズ！ MATOME QUIZ

まとめQ1

にゃんこたちが明治時代以降の人物について話をしているにゃ。
だれのことを話しているか当ててほしいにゃ。

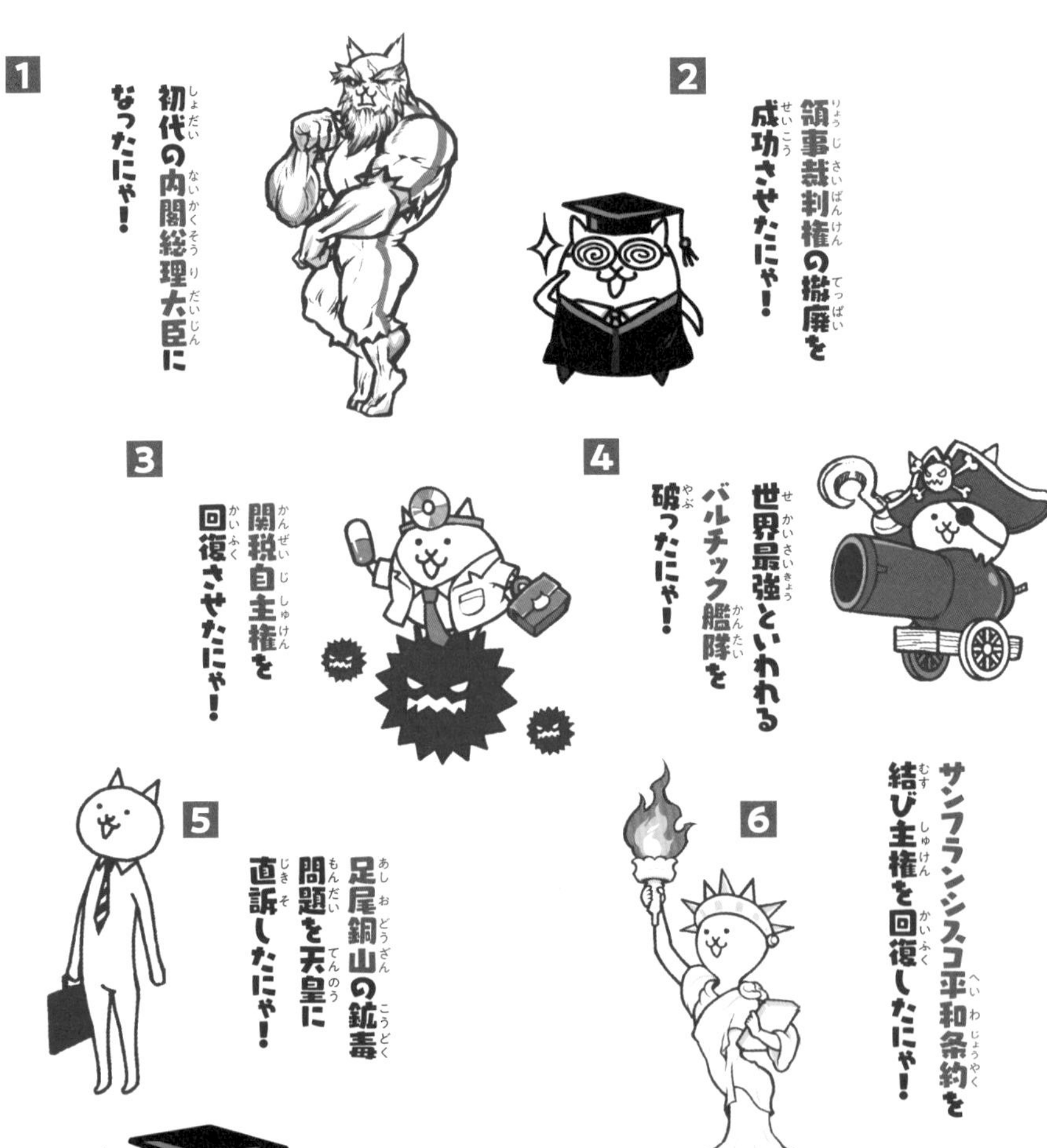

全問正解したら完全勝利にゃ！　全部まちがえたら…
何度でも214ページから出直してくればいいにゃ！

まとめQ2

明治・大正・昭和時代の歴史の年表を完成させたいにゃ！
［　］に当てはまる名前を入れるにゃ。

時代	年	人物とできごと
明治	1868	1［　］は江戸を東京と改め、元号が明治になる。
	1881	2［　］が自由党を結成する。
	1882	3［　］が立憲改進党を結成する。
	1885	第一次伊藤博文内閣が誕生する。
	1889	大日本帝国憲法が発布される。
	1894	陸奥宗光が領事裁判権の撤廃に成功する。日清戦争が起きる。
	1901	田中正造が足尾鉱毒問題を直訴する。
	1904	日露戦争が起きる。
	1911	小村寿太郎が関税自主権の回復に成功する。
大正	1914	第一次世界大戦に参戦する。
	1918	平民出身の4［　］内閣が誕生する。
	1920	5［　］が国際連盟の事務局次長となる。
昭和	1939	第二次世界大戦がはじまる。
	1945	広島と長崎に原子爆弾が投下される。日本がポツダム宣言を受諾する。
	1946	日本国憲法が公布される。第一次吉田茂内閣が誕生する。

明治以降

答え Q1 1伊藤博文 2陸奥宗光 3小村寿太郎 4東郷平八郎 5田中正造 6吉田茂
Q2 1明治天皇 2板垣退助 3大隈重信 4原敬 5新渡戸稲造

次は明治時代以降（科学・文化）にゃ！

新しい時代の文化を切り拓く!

明治時代以降

～科学や文化の発展～

東京汐留鉄道舘蒸気車待合之図

1873年の東京にゃ。
鉄道が開通して
にぎわっているにゃ。

東京

明治時代になると、西洋の考え方が積極的に紹介されて「文明開化」といわれたにゃ。

そんな中、科学技術や文化などいろいろなジャンルで活躍した人物も登場したにゃ。

思想家・教育者

学問の大切さや女性の権利など、新たな考えを広めたにゃ!

福沢諭吉 P.244

津田梅子 P.248

平塚らいてう P.260

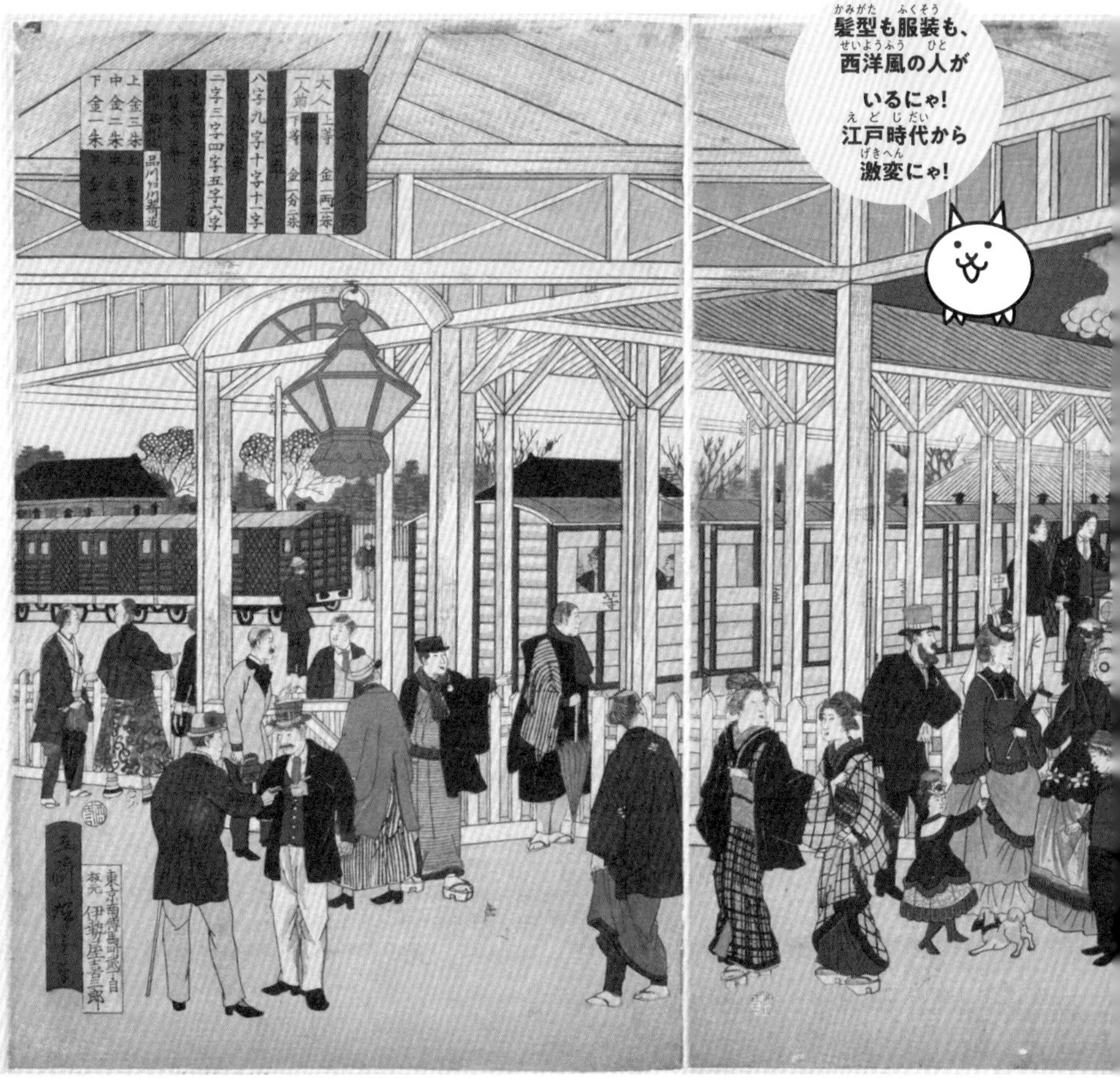

髪型も服装も、西洋風の人がいるにゃ!江戸時代から激変にゃ!

▲立斎広重『東京汐留鉄道舘蒸汽車待合之図』

経済

数多くの会社を設立したにゃ!

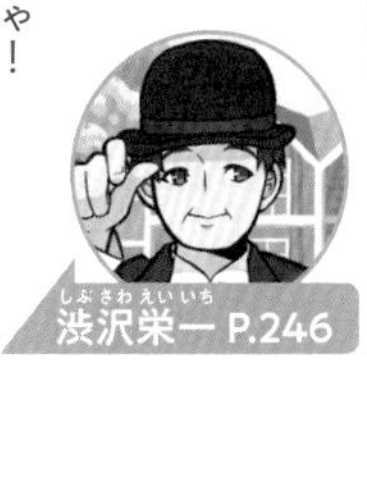

渋沢栄一 P.246

科学

医学の発展につくしたにゃ!

北里柴三郎 P.250

野口英世 P.252

文学

今に残る名作を生んだにゃ!

夏目漱石 P.254

樋口一葉 P.256

与謝野晶子 P.258

NO.092

明治以降

福沢諭吉

西洋の考え方を日本に広めた思想家

基本データ

知力	★★★
行動力	★★★
公平性	★★★

出身地:大坂(現在の大阪市)

生没年:1834年~1901年(没年68才)

江戸時代・明治時代の学者で、思想家。アメリカやヨーロッパへわたって社会制度や文化を学び、帰国後に『西洋事情』で西洋の様子を紹介した。人はみな平等であることと学問の大切さを書いた名著『学問のすゝめ』は大ベストセラーに。慶應義塾を開いて教育に力を尽くした。

あ、1万円札の人にゃ！

1万円札

たしかに福沢諭吉は40年間も1万円札に印刷された人で、『**学問のすゝめ**』っていうすごい本を書いた学者にゃ。

『学問のすゝめ』…もしかして、ネコとオタネコの会話で楽しく学べるという…？

ちがうにゃ！　それもすてきな本だけど！　諭吉は人間の自由と平等や個人の権利について主張して、**身分や貧富の差にかかわらず学問が大切**、と説いたにゃ。

「天は人の上に人を造らず、人の下に人を造らず」にゃ！

にゃんこは上下にいてもいいにゃ？

なんか、わりと普通のこと言ってるにゃ？

ところが！　これが**当時はめちゃくちゃびっくりされた**にゃ。当時の日本は身分制度が残っていて、能力に関係なく身分や地位が決まっていたからにゃ。

いきなり「**身分とか関係なくない？**」って言い出したってことにゃ？　たしかに、びっくりするかもにゃ…。

幼いころ、貧しくて身分制度に疑問を持っていた諭吉は、西洋で自由な社会を見て影響を受けたにゃ。

西洋の様子を『西洋事情』で紹介したにゃ。

身分や性別に関係なく、誰でも自由に学べる場所を作りたかった諭吉は、**慶應義塾**を開いたにゃ。

それ、有名な大学にゃ！

ほかにも新聞「**時事新報**」を発行したりして、**自由で平等な社会をつくるために力を尽くした**にゃ。

1万円札の顔になるだけある人にゃ。

納得にゃ。

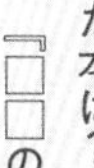

クイズ！

福沢諭吉が書いた本は？

『□□のすゝめ』

【答え】『学問（のすゝめ）』

NO.093

明治以降

渋沢栄一

日本に多くの株式会社をつくった実業家

基本データ

知力 ★★★　実行力 ★★★

指導力 ★★★

出身地：武蔵（現在の埼玉県）

生没年：1840年～1931年（没年92才）

実業家。徳川慶喜に仕えヨーロッパで勉強した後、明治政府の大蔵省に入り、銀行や貨幣に関する法律をつくった。自ら銀行を作り、鉄道など500社にもおよぶ会社作りに関わった。日本赤十字社の設立など社会活動も行った。

渋沢栄一は、新1万円札の顔にも選ばれた、**「日本資本主義の父」**と呼ばれる実業家にゃ。

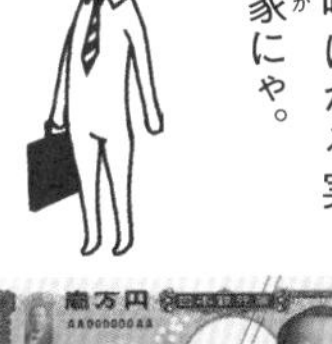

「○○の父」、多すぎにゃ？　もう、そんなに簡単に父とは認めないにゃ！

ヨーロッパで資本主義の進んだ経済を見た渋沢は、**日本で最初の銀行**をつくったにゃ。

銀行…！　それは確かにすごいけど…１００歩譲って「銀行の父」にゃ！

銀行だけじゃなくて、**500もの会社の設立**にも携わったにゃ。

渋沢が関わった会社は、今も日本を代表する企業として、世界で活躍しているにゃ。

500の会社…!?　それは、すごく…**日本資本主義の父**っぽいにゃ…！

さらに、**日本赤十字社**など約６００の社会公共事業、慈善活動などを支援したにゃ。

慈善活動まで!?

伊藤博文や**原敬**が政治の力で日本を近代化しようとした人なら、渋沢栄一は**経済の力で近代化を実現しようとした人**にゃ。

渋沢が設立した**第一国立銀行**が低い利息でお金を貸してくれるから、会社をつくりやすくなり、会社がたくさんできたにゃ。それで経済が活発になって、日本の経済も発展したにゃ。

それって、総理大臣より日本を変えてるような…。

だから、**「日本資本主義の父」**にゃ。

クイズ！

渋沢栄一が日本で初めてつくったのはどれ？

①病院
②銀行
③鉄道

【答え】②銀行

明治以降

津田梅子

女子教育の発展に力を尽くした教育者

6才(満年齢)で日本初の女子留学生になった!

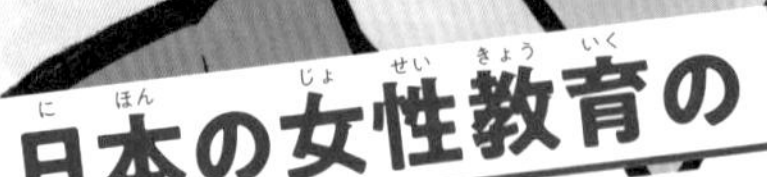

日本語を忘れてしまい、うまく話せなかった…。

今の津田塾大学を創設!

基本データ

語学力 ★★★　進歩的 ★★★

行動力 ★★★

出身地：東京(現在の東京都)

生没年：1864年～1929年(没年66才)

5千円札の新しい顔にゃ!

教育者。岩倉使節団に同行し、日本で初めての女子留学生の1人としてアメリカへわたった。帰国後は英語の教師を務めた。女子教育を進めようと津田塾大学を創設し、英語教育と女子の人格教育を行った。

津田梅子は**岩倉使節団**のメンバーとしてアメリカにわたった、日本人初の女子留学生の1人にゃ。このとき、なんと6才（満年齢）にゃ！

6才って…留学中にお誕生日はちゃんとみんなで祝ってあげたにゃ？

今でいう小学1年生だし、きっと祝ってあげてたと思うにゃ。

小学1年生で留学なんて、今でもあんまりいないにゃ！

そうにゃ。17才（満年齢）で日本に帰国した梅子は、**アメリカと日本の女性の地位のちがいに驚く**ことになるにゃ。

日本の女性は地位が高かったにゃ？

残念ながら、逆にゃ。

当時の日本はまだ近代国家をつくり始めたばっかりで、女性が活躍する場がなかったにゃ。

女性は家庭で家事・育児をするのが当たり前だったにゃ。

女性は高等教育も受けられなかったし、留学で得た知識を生かす仕事にもつけなかったにゃ。

もったいなさすぎにゃ。

小さいころからアメリカの男女平等の価値観が身についていた梅子だからこそ、**日本女性の地位を上げるために教育が必要だ**と考えたにゃ。

そして「女子英学塾」（のちの**津田塾大学**）を作り、日本の女子教育を切り開いたにゃ！

あの6才の子が…立派になったにゃ…！　どんな大人になったか、顔が見てみたいものにゃ。

新5千円札で見られるにゃ。

新5千円札

あっさり見られたにゃ！

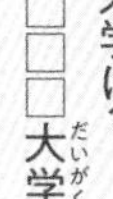

クイズ！

津田梅子が創設した大学は？

□□□大学

【答え】津田塾（大学）

NO.095

明治以降

北里柴三郎

伝染病の研究に一生をささげた「近代日本医学の父」

基本データ

探求心 ★★★	粘り強さ ★★★
厳しさ ★★★	

出身地：肥後（現在の熊本県）

生没年：1852年～1931年（没年80才）

ドイツへ留学し、コッホのもとで細菌学を学んだ。破傷風菌の純粋培養に成功し、その血清療法を発見した。帰国後は伝染病研究所の所長となってペスト菌を発見。のちの北里大学となる、北里研究所を設立した。また、黄熱病の研究をした野口英世や、赤痢菌を発見した志賀潔を弟子として育成した。

ご存じ、北里柴三郎にゃ！　もはや説明不要にゃ？

知らない、知らないにゃ。説明がっつり必要にゃ。

知らないにゃ？　新千円札の顔にもなって、ノーベル賞の候補にもなった**「近代日本医学の父」**を？

新千円札

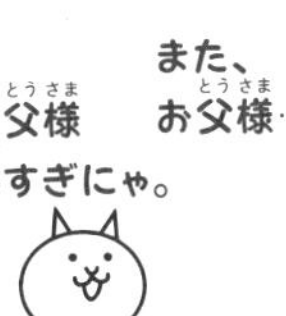

北里は、**破傷風**という病気の原因の、破傷風菌だけを増やすことに成功したにゃ。

病気の菌なんて増やしてどうするにゃ!?

原因菌を増やすことができれば、治療法の研究も進むにゃ。北里は**血清療法**という新しい治療法も確立したにゃ。

病気を治せるようになったにゃ!?　すごいにゃ！

北里の活躍はそれだけじゃ終わらないにゃ！　日本の**伝染病研究所**の所長になった後、ペストという伝染病の**ペスト菌**を発見したにゃ。

ペスト？　どんな病気にゃ？

皮膚が黒く変色して亡くなる、致死率の高い病気にゃ。大流行した中世ヨーロッパでは、**当時の人口の3分の1が命を落とした**と言われているにゃ。

北里は**「病気を未然に防ぐことが医者の使命」という予防医学の理想**を持ち、**北里研究所**（のちの**北里大学**）をつくって世界で活躍する学者をたくさん育てたにゃ。

北里柴三郎…、すごいにゃ…！

その通り！　結果的に彼はたくさんの命をすくったにゃ。

こ、怖すぎにゃ…！

大丈夫にゃ。今の日本ではもうないと言われているにゃ。

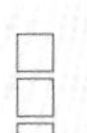

クイズ！

北里柴三郎が発見した病原菌はカタカナ3文字で？

□□□菌

【答え】ペスト（菌）

NO.096

明治以降

野口英世

ハンディをばねに世界で活躍した細菌学者

スゴイにゃ
不自由な手が動くのを見て、医学を志す!
黄熱病の研究に力を注ぐ!
ツライにゃ
黄熱病の研究のとちゅうで命を落とす!
スゴイにゃ
梅毒の正体をつきとめ、ノーベル賞候補に!
才能と努力で栄光を勝ち取ったにゃ!

基本データ

知力 ★★★	探求心 ★★★
粘り強さ ★★★	

出身地：福島県

生没年：1876年~1928年（没年53才）

細菌学者。子どものころに大やけどを負った左手の手術をきっかけに、医学を志して細菌学者となった。アメリカへわたり、ヘビ毒や梅毒の研究を行った。黄熱病の研究中に、黄熱病にかかって命を落とした。

野口英世は、逆境をはね返して世界に羽ばたいた**細菌学者**にゃ！

逆境？ 最近ドラマでたくさん見てるから、多少の逆境では驚かないにゃ。

幼いときに、**左手に大やけどを負って手が自由に動かせなくなってしまった**にゃ。

野口さん…!!

でも、その左手を手術したことで医学のすばらしさを実感した英世は、猛勉強して世界的な細菌学者になっていくにゃ。

アメリカで**ヘビ毒**の研究をして有名になり、その後**梅毒**という病気の研究をして、病原体の培養に成功したにゃ。

梅毒？ あんまり聞いたことない病気にゃ。

それは、英世たち医学者の研究のおかげで、今はその病気が世界から減ってきたからにゃ。

知らない間に恩恵を受けてるにゃ。

その後、**黄熱病**の研究をしてアフリカのガーナに渡ったんだけど、**自ら黄熱病にかかって亡くなってしまった**にゃ。

かなしいにゃ…。

ガーナには野口英世記念館があるにゃ。

世界的な細菌学者として認められた英世は、**ノーベル賞の候補**にもなったにゃ。

ノーベル賞の候補なら、前に出てきた**北里柴三郎**といっしょにゃ！

そうにゃ。英世は、北里の研究所にいたこともあるにゃ。北里は新しい千円札の顔で、英世は**前の千円札の顔**にゃ。

ってことは、師匠より先にお札の顔になってたにゃ？ 下剋上にゃ…！

そんなに殺伐とはしてないと思うにゃ。

クイズ！

野口英世が命を落とす原因となった感染症は？

①ペスト ②コレラ ③黄熱病

【答え】③黄熱病

NO.097

明治以降

夏目漱石

『吾輩は猫である』『坊っちゃん』を書いた人気作家

『吾輩は猫である』の作者！現在も多くの人に読みつがれる名作がずらり

イイにゃ
『坊っちゃん』の舞台となった愛媛で教師をした！

スゴイにゃ
『吾輩は猫である』が大ヒット！

ツライにゃ
心の病にかかり、最期は胃の病気で亡くなる…。

基本データ

創造性 ★★★ 神経質 ★★★
頑固 ★★☆

本名：夏目金之助

出身地：江戸（現在の東京都）

生没年：1867年～1916年（没年50才）

英文学を学び、教師をしながら小説を書き始めた。『吾輩は猫である』や『坊っちゃん』で人気作家になると、教師を辞めて新聞社に入り、作家活動に専念した。神経を患い、胃の病で亡くなった。

夏目漱石といえば、『**吾輩は猫である**』にゃ。

吾輩もネコにゃ！

いや、そうだけど、そういうことじゃないにゃ。**漱石の作家としてのデビュー作のタイトル**にゃ。

タイトルだけで名作の予感にゃ。

その通りにゃ。漱石の作品は、それまでの古めかしい文体ではなくて、**話し言葉に近い生き生きした文体**で書かれていて、あっという間に人気になったにゃ。

「吾輩は猫である。名前はまだない。」とかにゃ！

漱石はもともと**教師**をしていて、愛媛県の松山にいたときのことを舞台にした『**坊っちゃん**』も大ヒットしたにゃ。

教師と作家の二足のわらじにゃ？ 大忙しにゃ！

一足分けてほしいくらいにゃ。

人気作家になってからは教師を辞めて、新聞社に入社して作家活動に専念したにゃ。

ん？ 作家に専念するのに、なんで新聞社に入るにゃ？

当時は新聞小説といって、専属の作家が新聞に小説を連載していたにゃ。

ずっと同じ作家が書くなんて、飽きちゃわないにゃ？

漱石の作風はバラエティに富んでいたにゃ。
・コミカルな『坊っちゃん』に、
・悲劇的な物語『**こころ**』、
・禅を取り入れた『**門**』
とか！

むむ…小説のアイデア、思いついたにゃ！ 書いたら大ヒット間違いなしにゃ！

なんてタイトルにゃ？

『吾輩もネコである』にゃ！

そんな感じだろうなとは思ったにゃ。

クイズ！

夏目漱石がはじめて書いた小説は？
①『坊っちゃん』
②『吾輩は猫である』
③『三四郎』

【答え】②『吾輩は猫である』

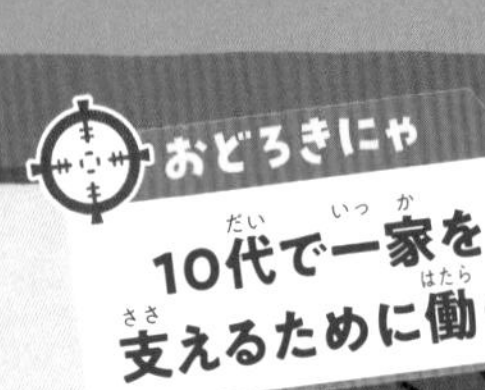

明治以降

明治の紫式部といわれた小説家

樋口一葉

近代日本初・女性の職業作家として
『たけくらべ』など、名作を次々に発表!

わずか14か月の間に
名作を次々と生み出す!

夢を叶える
ために働くにゃ。

基本データ

文才 ★★★ 健康 ★☆☆

運 ★☆☆

本名:樋口奈津

出身地:東京(現在の東京都)

生没年:1872年~1896年(没年25才)

10代で家計をささえることになり、生活のために小説を書きはじめた。結核をわずらい25才の若さで亡くなるまでの14か月の間に『たけくらべ』や『にごりえ』など数々の名作を書いた。

樋口一葉を見たことがあるにゃ？

知ってるにゃ！　5千円札の人にゃ。

正解にゃ。樋口一葉は、**近代の日本女性ではじめて職業作家になった人**にゃ。日本で女性の地位が上がった、新しい時代の流れの象徴として、お札の顔に選ばれたにゃ。

へ〜、作家さんにゃ。何を書いたにゃ？

有名なのは**『たけくらべ』**にゃ。一葉は現代的な話し言葉の文章ではなく、昔ながらの文体で書いたから、**「明治の紫式部」**と呼ばれたにゃ。

それにしても、他のお札の顔の人とちがって、すごく若そうにゃ。

一葉は結核という病気で、**25才の若さで亡くなった**にゃ。亡くなるまでのわずか14か月で、次々と名作を世に送り出したにゃ。

長生きしてほしかったにゃ…。

一葉は10代の時に、兄と父親を亡くし、一家を背負っていくことになり、生活は苦しいものだったにゃ。

それでも、成績優秀で、文章を書く才能もあった一葉は、小説を書いて生活をしていこうと考えたそうにゃ。

小説はもうかるにゃ？

そんなことないにゃ。小説では生活していくことはできず、駄菓子屋さんをしてみたこともあったらしいにゃ。

働き者にゃ！
貧しさや病気に苦しみながらも、名作を書き上げたにゃ。

吾輩も樋口一葉を見習って、日々を大切に生きて、名作「ネコくらべ」を生み出すにゃ！

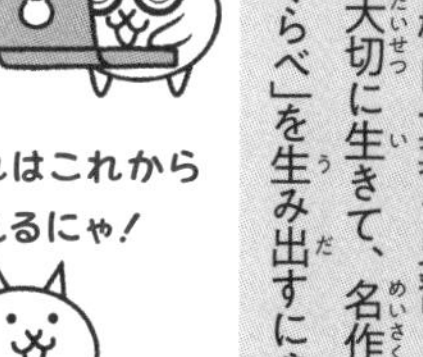

どんな話にゃ？
それはこれから考えるにゃ！

クイズ！

樋口一葉の代表作は？

①『背くらべ』②『根くらべ』③『たけくらべ』

【答え】③『たけくらべ』

弥生　飛鳥　奈良　平安　鎌倉　室町　安土桃山　江戸　明治以降

NO.099

明治以降

与謝野晶子

自由で情熱的な歌風が賛否両論だった歌人

おどろきにゃ

与謝野鉄幹と恋に落ち、駆け落ちした!

「君死にたまふこと勿れ…」

ピンチにゃ

「君死にたまふこと勿れ」が、国賊と非難された!

スゴイにゃ

歌集『みだれ髪』で、激しい恋の情熱をうたった!

情熱的な生きざまなら負けないにゃ!

基本データ

情熱的 ★★★　創造性 ★★★

先進的 ★★★

本名：与謝野志よう

出身地：大阪府

生没年：1878年～1942年（没年65才）

歌人。与謝野鉄幹の雑誌『明星』に短歌を発表し、歌集『みだれ髪』を出版した。日露戦争のとき、戦地にいる弟を思い、戦争への嘆きを歌にした。『源氏物語』の現代語訳や、女性解放問題にも取り組んだ。

与謝野晶子は『**みだれ髪**』が代表作の歌人にゃ。

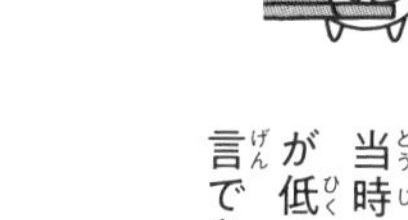

▲『みだれ髪』

晶子は**与謝野鉄幹**の雑誌『**明星**』に歌を送ったのがきっかけで鉄幹と結婚したんだけど、その愛を情熱的に歌った歌集にゃ。でも実はこれ、**不道徳だと批判されてしまった**にゃ。

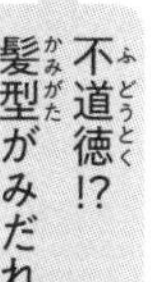

不道徳!? 髪型がみだれてるだけで!?

セットしてないから批判されたわけじゃないにゃ。

ヘアセット、手伝うにゃ！

明治の女性はあんまりリーゼントしないと思うにゃ。

当時の日本は、女性は地位が低くて、好きなように発言できない社会だったにゃ。

女性が愛を正直に歌うなんて、当時は刺激的すぎたにゃ。

ええ…当時の女性はみんな、黙って従ってたにゃ?

晶子はちがったにゃ。自分の正直な思いを歌にして、どんどん発表していったにゃ。

かっこいいにゃ！ でも文句言う人はいなかったにゃ?

めちゃくちゃ批判されたにゃ。特に日露戦争で戦地にいる弟へ**「君死にたまふこと勿れ」**とうたった歌は、国中から非難されたにゃ。

弟の無事を願って何が悪いにゃ…!?

本心ではそうでも、国のために命をかけることが正しいとされていた時代にゃ。**本心を言えた晶子がすごい**にゃ。

周りに何と言われても、本当の気持ちを正直に歌う…真のアーティストにゃ…!

朝ごはん食べたばっかりもう腹ペコ

歌集みたいに5・7・5で本心を言えばいいっていうものでもないと思うにゃ…。

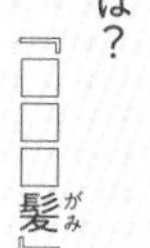

クイズ！

与謝野晶子の歌集は?

『□□□髪』

【答え】『みだれ(髪)』

NO.100

明治以降

平塚らいてう

女性の自由と権利のために力を尽くした女性運動家

スゴイにゃ
女性の参政権を求めて声を上げた！

「元始、女性は実に太陽であった」

ヒドイにゃ
自立した女性をめざしたが、一部から皮肉で「新しい女」と呼ばれた。

スゴイにゃ
女性の表現の場として『青鞜』を発行！

女性よ、目覚めるにゃ！

基本データ

進歩性 ★★★　創造性 ★★★

母性 ★★★

本名：平塚明

出身地：東京（現在の東京都）

生没年：1886年～1971年（没年86才）

雑誌『青鞜』を発行し、女性の自由と権利を訴えて女性解放運動を起こした。さらに、女性が政治に参加する権利を求める運動を起こし、第二次世界大戦後は平和運動に取り組んだ。

「らいてう」って、なんか珍しい名前にゃ。

これは昔の仮名遣いで、読み方は**「ライチョウ」**にゃ。

どっちにしても珍しいにゃ。

らいてうは大学に行きたがったことでも当時珍しい女性だったにゃ。

大学に行きたがるのが、どうして珍しいにゃ？

「女性はみんなよい妻・賢い母をめざすべき」、「女性に学問はいらない」という考えがまかり通っていた時代だったからにゃ。

息苦しい時代にゃ…！

女性の自由と権利の獲得をめざしたらいてうは、**『青鞜』**という女性だけでつくる雑誌を創刊したにゃ。

なんと、女性には選挙権もなかったにゃ。

▲『青鞜』

イギリスで教養のある女性たちを表す言葉の「ブルーストッキング」を日本語にしたにゃ。

創刊号にらいてうが書いた、**「元始、女性は実に太陽であった」**という言葉は、のちの女性運動を象徴する言葉になったにゃ！

輝きを取り戻すにゃ！

自立した女性をめざすらいてうたちのことを、世間は**「新しい女」**と呼んだにゃ。

褒められてるにゃ？

うーん…実は、マイナスの意味でそう呼ぶ人も多かったにゃ。女性が声を上げたりすることにまだまだ否定的な時代だったにゃ。でも、**らいてうたちはそんな批判には負けなかった**にゃ。

それでこそ、本当の意味で古い常識を打ち破る「新しい女」にゃ！

クイズ！

平塚らいてうがつくった雑誌は？

①『青鞜』 ②『青春』
③『青空』

【答え】①『青鞜』

まとめクイズ！ MATOME QUIZ

まとめQ1

明治時代以降の歴史人物とキーワードを書いたかるたのペアを、
うっかりばらばらにしてしまったにゃ！
1～5のかるたをペアにもどすにゃ！

1 日本資本主義の父

2 津田塾大学の創設者

3 破傷風菌の純粋培養に成功

4 『吾輩は猫である』

5 『青鞜』を発刊した「新しい女」

全問正解したら完全勝利にゃ！　全部まちがえたら…
何度でも242ページから出直してくればいいにゃ！

まとめQ2

明治時代以降の歴史の年表を完成させたいにゃ!
□に当てはまる名前を入れるにゃ。

時代	年	人物とできごと
明治	1871	津田梅子が岩倉使節団に同行してアメリカにわたる。
	1872	1 □の『学問のすゝめ』が刊行される。
	1873	渋沢栄一が第一国立銀行（今のみずほ銀行）をつくる。
	1889	2 □が破傷風菌の純粋培養に成功する。
	1892	北里柴三郎が伝染病研究所の初代所長になる。
	1895	3 □が短編小説『たけくらべ』を連載する。
	1900	津田梅子が女子英学塾（今の津田塾大学）をつくる。
	1901	4 □が歌集『みだれ髪』を発表する。
	1905	5 □が『吾輩は猫である』を発表する。
	1911	平塚らいてうが雑誌『青鞜』を発行する。
大正	1918	6 □が黄熱病の病原体の研究のためエクアドルへ。

答え Q1 1渋沢栄一 2津田梅子 3北里柴三郎 4夏目漱石 5平塚らいてう
Q2 1福沢諭吉 2北里柴三郎 3樋口一葉 4与謝野晶子 5夏目漱石 6野口英世

次は総まとめクイズにゃ!

Q 年表の出来事をヒントに歴史人物を当てるにゃ!

01 239年
邪馬台国の女王

???
が魏に使者を送る。

02 604年

???
が十七条の憲法を定める。

04 645年
???
と
???
による大化の改新。

05 743年
???
が大仏をつくることを発表。

07 753年
唐の僧の

???
が来日。

08
???
が『枕草子』をつくる。

10 1016年

???
が摂政になる。

710年
794年

弥生時代 | 飛鳥時代 | 奈良時代 | 平安時代

03 607年

???
らが遣隋使として隋へわたる。

06
大仏づくりに僧の

???
が参加。

09

???
が『源氏物語』をつくる。

11 1167年

???
が太政大臣になる。

歴史人物総まとめクイズ①

12 1185年
???が活躍し、壇ノ浦で平氏がほろびる。

13 1192年
???が征夷大将軍になる。

14 1274年

???が執権のとき、元軍が襲来。

15 1338年
???が征夷大将軍になる。

16 1397年

???が金閣を建てる。

17 1467年
???が水墨画を学びに明へわたる。

18 1489年

???が銀閣を建てる。

19 1549年
???がキリスト教を伝える。

20 1575年
???が長篠の戦いで武田軍をやぶる。

21 1590年

???が全国を統一。

1185年頃	1333年	1336年頃	1573年
	鎌倉時代	室町時代	安土桃山時代

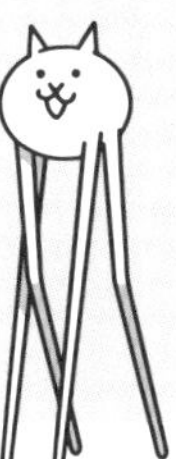

答え 01 卑弥呼 02 聖徳太子 03 小野妹子 04 中大兄皇子・中臣鎌足 05 聖武天皇 06 行基 07 鑑真 08 清少納言 09 紫式部 10 藤原道長
11 平清盛 12 源義経 13 源頼朝 14 北条時宗 15 足利尊氏 16 足利義満 17 雪舟 18 足利義政 19 ザビエル 20 織田信長 21 豊臣秀吉

Q 年表の出来事をヒントに歴史人物を当てるにゃ!

22 1603年
???が江戸に幕府を開く。

24 1689年
???が『奥の細道』の旅に出発。

26 1774年
???が『解体新書』を出版。

28 1800年
日本全国の測量をする
???が蝦夷地を測量。

30 1853年
???が浦賀に来航し開国を要求。

32 1867年

???が大政奉還を行う。

1603年

江戸時代

23 1635年

???が参勤交代を制度化。

25 1703年

???による『曽根崎心中』が初演。

27 1798年

???が『古事記伝』を完成。

29 1833年

???の『東海道五十三次』が刊行。

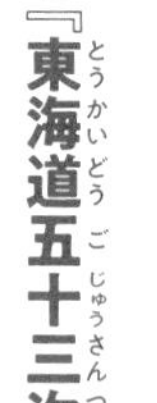

31 1866年

???や
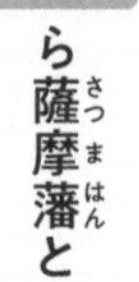
???ら薩摩藩と

???ら長州藩が薩長同盟を結ぶ。

33 1868年

???が西郷と話し合い、江戸城を引き渡す。

歴史人物総まとめクイズ②

34 1868年
???は江戸を東京と改め、元号が明治に。

36 1881年
???が自由党を結成。

38 1885年

???が初代内閣総理大臣に就任。

40 1901年
???が歌集『みだれ髪』を発表。

42 1911年
???が関税自主権の回復に成功。

44 1918年
???が黄熱病の研究でエクアドルへ。

1945年
広島と長崎に原子爆弾が投下される。日本がポツダム宣言を受諾。

1868年 明治時代 1912年 大正 1926年 昭和

35 1872年
???の『学問のすゝめ』が刊行。

37 1882年

???が立憲改進党を結成。

39 1894年
???が領事裁判権の撤廃に成功。

41 1905年

???が『吾輩は猫である』を発表。

43 1911年
???が雑誌『青鞜』を発行。

1946年
日本国憲法が公布される。

答え 22徳川家康 23徳川家光 24松尾芭蕉 25近松門左衛門 26杉田玄白 27本居宣長 28伊能忠敬 29歌川広重 30ペリー 31西郷隆盛・大久保利通・木戸孝允 32徳川慶喜 33勝海舟 34明治天皇 35福沢諭吉 36板垣退助 37大隈重信 38伊藤博文 39陸奥宗光 40与謝野晶子 41夏目漱石 42小村寿太郎 43平塚らいてう 44野口英世

さくいん

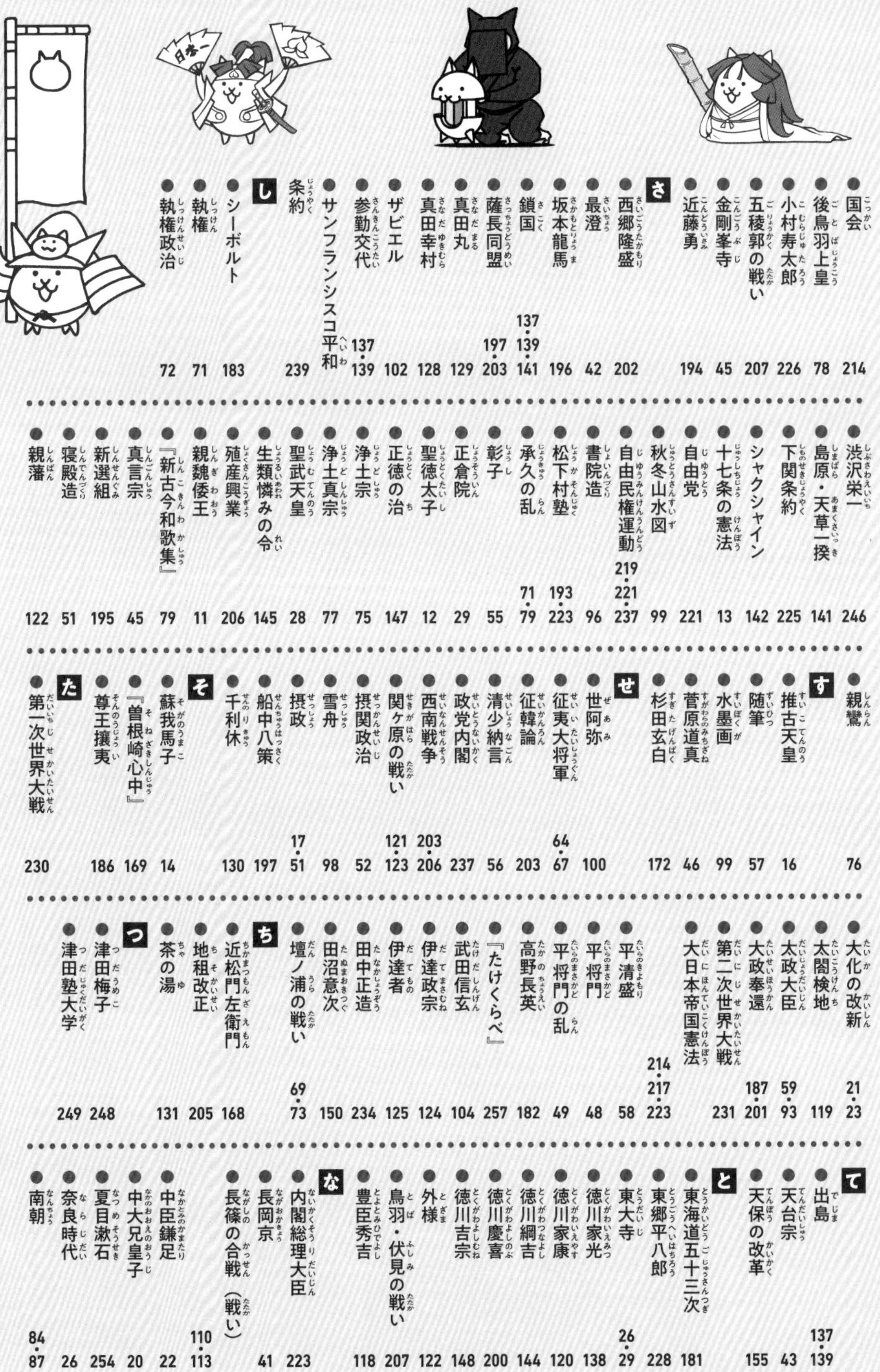

[写真提供・協力]

[P.8]国営吉野ヶ里歴史公園　[P.9]堺市　[P.13, 233]国立印刷局ホームページ（https://www.npb.go.jp/ja/intro/kihon/kako/index.html）　[P.15]飛鳥寺, 明日香村教育委員会　[P.26, 29]東大寺, 一般財団法人奈良県ビジターズビューロー, 三好和義　[P.27（平城京復元模型写真）]奈良市　[P.27（遣唐使船再現プロジェクト）]角川文化振興財団　[P.33]文化庁（文化財デジタルコンテンツ）　[P.38-39, 64-65, 81, 85, 99, 133, 137, 160-161, 165, 177, 179, 181, 184]ColBase（https ://colbase.nich.go.jp/）　[P.43]比叡山延暦寺　[P.45]総本山金剛峯寺　[P.52]造幣局　[P.53, 173, 184, 205, 206, 211, 242-243]国立国会図書館　[P.57, 121, 219, 235]PIXTA　[P.105]甲斐市教育委員会　[P.110-111]犬山城白帝文庫　[P.125]みちのく伊達政宗歴史館　[P.131]佐賀県立名護屋城博物館　[P.133（洛中洛外図屏風）]米沢市上杉博物館　[P.136（江戸図屏風）]国立歴史民俗博物館　[P.137, 139（会津藩主参勤交代行列図）]会津若松市立会津図書館　[P.175]本居宣長記念館　[P.186]スミソニアン博物館（Smithsonian Institution Image Delivery Services）　[P.192, 194, 196, 198, 200, 202, 204, 208, 210, 216, 218, 220, 222, 224, 226, 228, 232, 234, 236, 238, 244, 246, 248, 250, 252, 254, 256, 258, 260]「近代日本人の肖像」国立国会図書館（https://www.ndl.go.jp/portrait/）　[P.193]萩市文化財保護課, 松陰神社　[P.214]衆議院憲政記念館　[P.215, 231]アメリカ国立公文書記録管理局（the National Archives and Records Administration）　[P.247, 249, 251]国立印刷局ホームページ（https://www.npb.go.jp/ja/n_banknote/）　[P.257]国立印刷局ホームページ（https://www.npb.go.jp/ja/intro/kihon/genzai.html）　[P.259]「本の玉手箱」国立国会図書館（https://www.ndl.go.jp/exhibit70/42.html）　[P.261]日本近代文学館　[地図]ROOTS/Heibonsha.C.P.C/アフロ　[P.245（１万円札）]編集部にて撮影

[主な参考文献]

『新しい社会６　歴史編』（東京書籍）／『新しい社会６　政治・国際編』（東京書籍）／『新しい社会 歴史』（東京書籍）／『詳説日本史』（山川出版社）／『日本史用語集』（山川出版社）／『日本史人物辞典』（山川出版社）／『角川まんが学習シリーズ「日本の歴史」』（KADOKAWA）／『大研究！日本の歴史人物図鑑①～⑤』（岩崎書店）／『ポプラディア情報館　日本の歴史人物』（ポプラ社）／『学研まんが　NEW 日本の歴史　別巻　人物学習事典』（学研）／『超ビジュアル！日本の歴史人物大事典』（西東社）／『図解大事典　日本の歴史人物』（新星出版社）

[スタッフ]

構成・執筆：上村ひとみ
執筆協力：オオタユウコ
歴史人物イラスト：ARINA
解説イラスト：ハセガワマサヨ
デザイン：百足屋ユウコ＋小久江厚（ムシカゴグラフィクスこどもの本デザイン室）
DTP：協同プレス、暁和
校正：鷗来堂
協力：辻子依旦、村山章、野村紗羅、山中絵美子、岡林秀征、川田恵弥、唐木美佳、太田雄希

にゃんこ大戦争でまなぶ！
日本の歴史人物100

2024年3月29日　初版発行
2024年7月20日　再版発行

監修　ポノス株式会社
本郷 和人

発行者　山下 直久

発行　株式会社KADOKAWA
〒102-8177　東京都千代田区富士見2-13-3
電話 0570-002-301（ナビダイヤル）

印刷所　TOPPANクロレ株式会社

製本所　TOPPANクロレ株式会社

ISBN 978-4-04-606356-4　C6021

大学編入試験対策

編入数学徹底研究

頻出問題と過去問題の演習

桜井基晴 著

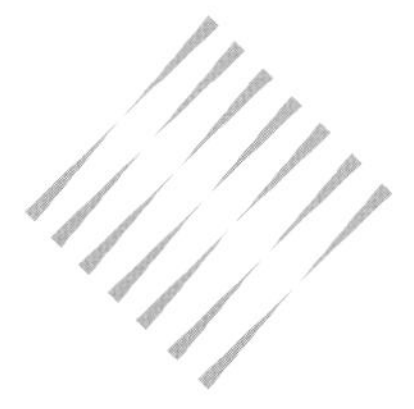

金子書房